열네 살,

너의 선택이 인생을 결정한다

아버지가 아들에게 전하는 최고의 인생 교과서

열네 살,
너의 선택이
인생을 결정한다

필립 체스터필드 원작 ★ 대한미디어 글·그림

샘터

'열네 살의 나'를 발견하세요!

'열네 살'이라는 나이는 어떤 느낌일까요. 그것은 꽃 피는 봄날, 파릇파릇한 나뭇가지, 깊은 산속 옹달샘에서 떠 마시는 샘물 한 모금 같은 산뜻함이 아닐까요.

그래서 '열네 살'은 인생의 사춘기를 맞은 본인뿐만 아니라 부모님의 가슴에도 아련한 울림을 주는 나이에요.

우리들은 행동으로써 배우고 느끼게 됩니다. 그런데 열네 살이라는 나이는 이성적으로 행동하기엔 아직 어린 나이지요. 인생의 출발점에 서서 마음속에 꿈을 품고, 그 꿈을 향해 나아가기 위해 어떤 선택을 내려야 할 시기라고도 할 수 있습니다.

이 책은 필립 체스터필드의 〈아들에게 주는 편지 *Letters to his son*〉를 기초로 하여 구성했습니다. 18세기 영국의 정치가이자 유능한 외교관, 저술가로 명성을 날렸던 체스터필드가 네덜란드 대사로 재직하던 시절, 열네 살 그의 아들이 인생에서 성공하기를 바라는 마음으로 써 보낸 편지 모음이지요.

★ 열네 살, 너의 선택이 인생을 결정한다

'열네 살'은 마음껏 꿈을 펼쳐야 하는 나이
입니다. 내일의 꿈을 꾸고, 그 꿈을 활짝 펼쳐
나가는 데 꼭 필요한 삶의 지혜와 세련된 매
너를 배우세요. 또 성격이 달라 나랑 맞지 않
는다고 생각했던 친구들을 포용해 줄 수 있는 배려를 배우
세요.

그리고 매 순간 맞닥뜨리는 선택의 상황에서는 때론 책에서, 때론 어른들의 연륜
에서 해답을 청하며 한번 뿐인 인생을 자신의 것으로 만들어가는 것입니다.

이 책에는 필립 체스터필드가 전하는 삶의 원칙과 함께 역사 속 위인들이 실천한
생활의 규범과 명언을 만화로 곁들여 담았습니다. 우리 친구들이 언제 어떤
상황에서든 지혜롭고 의연하기를, 훌륭한 인격과 리더십을 가진 사
람으로 성장하기를 바라는 마음을 기억해 주기 바랍니다.

자, 이제 얼른 책장을 넘겨보세요. 책을 다 읽은 후에는 이 세상의 가운데 내가 서
야 할, 분명한 나의 자리가 보일 거예요.

2008년 유월, 세상의 모든 아빠가

| 차 례 |

 원칙 지혜로운 몸가짐, 마음가짐

 우정 그 사람을 모르겠거든 그의 친구를 보라

열매가 씨앗에서 나오듯 행동은 생각에서 비롯된다.

톨스토이
1828~1910, 러시아의 소설가

〈전쟁과 평화〉〈안나 카레리나〉 등의 작품을 쓴 그는 사랑에 의한 무저항 주의, 이지에 의한 사회 개혁을 외쳤습니다. 특히 그가 70세에 완성한 〈부활〉은 작가의 사상, 정신, 종교, 예술의 일체를 구현하고 있는 대작입니다.

계획

태산이 높다 하되
하늘 아래 뫼이로다

01 오늘 이 시간은
다시 오지 않는다

'시간' 이라는 것에 대해 생각해 본 적이 있니?

혹시 오늘은 계획을 짜고, 숙제는 내일 한다는 식으로 하루하루 시간을 낭비하고 있는 건 아닌지 모르겠구나.

네가 학창 시절 가장 중요한 것을 놓칠까 봐 아빠는 걱정이 된단다. 똑같이 주어진 시간이라도 쓰는 사람에 따라서 길게 혹은 짧게도 사용할 수 있기 때문이지.

이것은 그 사람이 성공할 수 있는 사람인가, 매일 변명만 늘어놓는 인생을 살아갈 사람인가를 가늠하는 척도라고 불러도 좋을 만큼 너의 인생에 큰 영향을 미치게 된단다.

사람들은 시간을 유용하게 쓰고자 노력하지. 아빠 세대에도 그러했고 또 고대의 학자들도 시간에 대해 수없이 언급했을 정도로 효율적 시간 관리는 어느 시대에나 중요시 되었던 것이란다.

그리스의 철학자 에우리피데스는 "시간은 묻지 않아도 모든 것을 알려주는 수다쟁이"라 했고, 중국 진나라 시대의 시인 도연명은 "한창 때는 다시 오지않으니, 사람은 때가 되면 마땅히 스스로 공부에 힘써야 한다"고 했단다.

지금은 네가 장차 넓은 세상으로 나가기 위한 시작에 지나지 않는다. 앞으로 인생을 살면서, 시간을 너의 친구로 만들어라.

시간을 바르게 쓰기 위해서는 '가장 중요한 일부터 한다'는 원칙만 지키면 된다.

지금 너에게 가장 중요한 일이 어떤 것일까? 학창 시절엔 보다 많은 지식을 쌓는 것이 가장 우선해야 할 일이지 않겠니?

네가 꿈꾸고, 미래에 하고 싶은 모든 일들이 지식을 쌓는 일로부터 시작된단다. 또한 무엇에도 방해를 받지 않고 마음껏 지식을 축적할 수 있는 시기는 지금 뿐이란다.

성공한 사람들은 계획을 두 가지로 분리한다고 하더구나. '장기적으로 해야 할 일'과 '지금 하고 싶은 일'로 말이다.

'장기적으로 해야 할 일'이란 공부와 운동, 시험 등의 일이며 '지금 하고 싶은 일'이란 친구들과의 놀이나 TV 시청, 게임 등의 일이 되겠지.

너의 삶은 행동하고, 느끼고, 생각하는 이런 경험들로 이루어지게 되는 거란다. 그러니 하루하루 최선의 노력을 다하며 열심히 살아간다면 아빠의 특별한 도움 없이도 네 자신이 주인공이 되어 살아가는 인생을 만들어 갈 수 있을 것이다.

공자는 "일생의 계획은 어릴 때 있고, 하루의 계획은 새벽에 있다"고 했다. 어른이 된 후에는 시간적인 여유도 없겠지만, 만약 시간이 있더라도 책과 공부에만 빠져드는 것은 다른 사람을 이해하는 데에 자칫 소홀하게 될 수도 있는 일이란다.

그때는 네가 이해해야 할 더 큰 세상을 마주할 테니, 마음껏 부딪치고 너와는 다른 여러 종류의 사람들에게서 그들의 장점을 배우는 것이 좋은 공부가 될 거야.

하지만 아직 어리다 보니 때론 책상 앞에 앉는 것조차 싫을 때가 종종 있겠지.

그럴 때는 이렇게 한번 생각해 보겠니? '지금 내가 공부하고, 지식을 쌓는 것은 학창 시절에 반드시 통과해야 할 관문이다. 한 시간이라도 더 노력하면 그만큼 더 빨리 인생의 목적지에 닿을 수 있고, 그만큼 더 빨리 자유로워질 수 있다' 고 말이다.

얼마나 빨리 자유를 얻느냐, 스스로 인생의 주인공이 되느냐 마느냐는 오로지 네가 시간을 어떻게 사용하는가에 달려 있다는 걸 항상 마음에 새겨두기 바란다.

나의 생각

'내 인생의 주인공은 나'

1. '지금 해야 할 일'의 목록을 가지고 있는 것, 그것이 계획이다.

2. 한 해, 한 달, 한 주의 계획을 세워보자.

3. 시간에도 등급이 있다.

   아침의 한 시간은 저녁의 한 시간보다 중요하다.

안 되는 게 어딨니, 다 되지!

꿈을 키우는것은 습관입니다. 계획을 짜서 실천해 보세요.
하루하루의 계획이 습관이 되는 것, 그것이 나폴레옹의 방법이에요.

나폴레옹 보나파르트 1769~1821, 프랑스의 군인 · 정치가

이렇게 사나 저렇게 사나 어차피 달라질 것도 없는데 왜 노력합니까?

목표가 없는 사람들은 자신에게 주어진 능력의 10~20%밖에 사용하지 못한다고 해요.

그래 1%의 가능성, 그게 내 길이야 !!

하지만 진취적인 성향의 나폴레옹에게는 성공하고 싶다는 목표가 있었어요.

야~ 숫다리 공부한다, 공부벌레!

범생이!

바보들, 지식이 없으면 가질수 있는 게 아무것도 없단 걸 모르다니….

가난한 형편에서도, 작고 못생겼다 놀림을 받으면서도 나폴레옹은 묵묵히 노력했습니다.

무공해 녹차야!

아니! 이런 귀한 걸…

나는 남들보다 10배는 더 열심히 해야 돼!

자신을 이겨 냈기 때문에 유럽도 지배할 수 있었던 거예요.

승리는 가장 끈기 있는 사람에게로 돌아 가는 법이다.

키가 작거나 볼품없어 보이는 사람이 더 활발한 성격을 갖기도 해요. 그런 경우를 '나폴레옹 컴플렉스' 라 부르죠.

-나폴레옹 수면법-

- 자야 할 시간에만 잔다.
- 눈을 뜨면 벌떡 일어난다.
  뒤척이며 누워 있지 않는다.
- 잠이 부족할 때 낮잠으로 보충한다.
  단, 30분을 넘기지 않는다.
- 자기 전 복잡한 일이 있으면 일기나 메모,
  낙서 등으로 마음을 가라앉힌다.

가방을 싸다 보면, 마구 물건을 쑤셔넣는 것보다 차곡차곡 넣는 게 더 많이 들어간다는 걸 알수 있지? 계획도 마찬가지야. 차근차근 계획을 세워 하나하나 시도를 한다면 자연히 목표는 이루어지게 돼 있어.

02 꿈을 오래 꾸면 현실이 된다

인간은 원래 완벽한 존재가 아니란다. 그래서 항상 완벽에 다가서기 위해 노력하는 거지. 교육을 통해 인간이 가진 자질 이상으로 변화할 수 있다고 믿기 때문에 경험이 있는 인간 즉, 부모들은 많은 수고와 비용도 아까워하지 않고 자녀 교육에 열과 성을 다하는 거지.

네가 어린아이였을 때 아빠가 한 일은, 착한 마음과 존경심을 심어주는 것이었다. 너는 그것을 마치 문법을 외우듯이 기계적으로 몸에 익혔단다. 그리고 지금은 훌쩍 자라 네 자신의 판단대로 행동하게 되었다.

물론 그런 것들은 굳이 배우지 않아도 삶 속에서 자연스레 익히게 되지만 나는 네가 좀 더 엄격한 기준을 갖기를 원했던 것이다. 미국의 화가 메리 로버트슨은 "언제나 그래 왔듯 삶은 우리 자신이 만드는 것이고, 앞으로도 우리 자신이 만들어

갈 것"이라고 했다. 앞으로 아빠가 네게 미칠 영향력이 조금씩 작아지더라도, 너는 너의 기준을 소중하게 생각하며 지켜나갈 것이라 생각한다.

하지만 네가 받았던 모든 교육이 지향하고 있는 것, 예의라는 것이 사회에 미치는 영향은 도덕이나 법이 미치는 영향과 비슷하다. 남의 소유지에 침입한 인간이 법에 의해 처벌을 받듯, 다른 사람의 사생활을 침범하는 무례한 사람 역시 그 사회 전체의 암묵적인 합의에 의해 추방당하게 될 것이기 때문이다.

만일 젊은 날에 자신의 목표를 정하지 않고 닥치는 대로 살아간다면 그것은 자신의 삶을 방기하는 것이다. 여기서 목표란 '나만을 위한' 이기적인 것이 아닌 '더불어 행복을 찾을 수 있는' 것이어야 한다. 그것을 위해, 이 두 가지만 기억해 두려무나.

첫째, 자신과 가족을 지킬 수 있는 목표인가.
둘째, 다른 사람에게도 도움을 줄 수 있는 것인가.

지금 당장 계획서를 써 보렴. 종이에 기록된 계획처럼 자신이 발전하는 모습을 명료하게 가르쳐 주는 것은 없단다. 그것을 부끄러워해서도 안 된다. 기록은 언제나 너를 자극하고 목표에 접근하는 것을 보여 주기 때문이다. 그런 행동을 하기 전에는 자신이 아무 계획도 없는 상태에 놓여 있었다는 것을 깨달아야 한다. 자신의 약점을 깨닫고 하루하루 반성을 거듭함으로써 사람은 새로워지는 것이다.

문명사회를 살아가는 우리는 자신의 이익을 구할 때라도 혹여 다른 사람의 이익에 반하지 않는가를 살펴야 한다. 그것은 사람끼리의 자연스러운 협정이고 의무이다.

그리고 목표를 정했으면 그 결심을 소중하게 간직하고 반드시 실천해 나가야 한다. 의사가 되고 싶다면 꿈을 감추거나 늦추지 말고 곧바로 그것을 향해 나아가렴. 변호사가 되고 싶다면 중요한 판례를 수집하고 공부에 필요한 자료를 하나하나 모아가면서 네 꿈을 실천에 옮기렴.

하지만 네 야망을 뽐내지는 말아라. 그러다간 자칫 웃음거리가 될 수 있기 때문이다. 스스로 노력하고 있다면 마음속의 의심 따윈 지워버리고 반드시 이루어 낼 생각만을 하면 되는 것이다.

나의 생각

열네 살의 성공법칙

1. 어떤 일을 하고 싶은지 스스로 찾아내야 한다.
스스로 찾아야만 전력을 다해 몰두할 수 있으니까.

2. 다른 사람보다 한걸음 앞서 걸으려고 노력해야 한다.
스스로 노력하는 사람만이 앞서 걸을 수 있으니까.

3. 자신의 목표에서 기쁨을 얻어야 한다.
좋아서 하는 일은 가다가 지치지 않을 테니까.

도전, 골든벨을 울릴 때까지

계획을 통해 실수를 줄여 나가기, 또는 거꾸로 생각해서 목표에 접근하기….
무엇이든 좋아요. 원하는 바를 꼭 이루어 내세요.

크리스토퍼 실러 1759~1805, 독일의 극작가.

실러는 사관학교에 입학하여 법률을 공부하였으나 적응하지 못했어요.

후에 의학으로 전공을 바꾸지만 거기에도 엄격한 기숙사 생활과 구속이 있었어요.

그래도 이건 실습이 있어 그나마 나은 편이야.

그런 생활 속에서 실러는 틈틈히 글을 쓰는 것으로 탈출구를 마련하고자 했습니다.

나는 글을 쓸 거야!!

매사에 철저하여 주어진 문제를 치열하게 고민하는 그에겐 친구가 많았어요.

특히 괴테와의 교분으로 극작에 몰두하게 됩니다.

자네 같은 사람은 꼭 작품을 해야만 하네!

그럼 한번?

실러는 일단 결심한 것은 끝까지 해내는 사람인데다, 무엇이든 자신만의 방식으로 해내곤 했어요.

특히 시가 떠오르지 않으면 책상에서 뭔가를 꺼내 냄새를 맡곤 했답니다.

실러, 그게 뭔가?

썩은 사과라네. 나는 시큼한 냄새를 맡으면 시상이 떠오르더라고.

으악!

그리고 〈빌헬름 텔〉을 쓰기로 결심했을 때의 그는,

일단 지도를 외우고

무대가 될 스위스에 대해 모든 것을 알 때까지는 펜을 잡지 않겠다!

swiss

그리고 모든 것이 머릿속에 들어왔을 때 펜을 잡기 시작했는데 작품이 완성될 때까지 책상을 떠나지 않았다고 해요.

피로하면 팔에 머리를 얹고 잤으며

잠깐만 자는 거야, 잠깐만….

나는 할 수 있다!

깨면 진한 커피를 벌컥벌컥 마셨다고도 하죠.

〈빌헬름 텔〉은 귀족에 대항하는 평민의 이야기를 그린 작품이에요. 이 작품은 독일 지식인들에게는 호평을 받지 못했지만 그 가치는 지금까지 퇴색하지 않고 있어요.

'목적을 위한 수단'을 가졌던 그가, 자신의 삶에 만족하지 않고 끝없는 물음을 던졌던 그가, 요즘 같은 세상에 다시 나타난다면 세상은 조금 더 달라질 수 있겠지요?

오늘 주어진 일에 전력을 다 하면
내일 한 걸음 더 진보할 것이다.

뉴턴 1642-1727, 영국의 수학자

〈프린키피아〉라는 책에서 유명한 만유인력의 법칙과 관성의 법
칙을 발표, 세상에 알렸습니다. 하루에 18시간씩 책을 집필하
는, 놀랄 만한 집중력을 발휘한 걸로도 유명합니다.

도전

소년이여, 야망을 가져라

03 실수는 부끄러운 것이 아니다

확고한 자기 생각이 있고, 남 앞에서 불필요하게 자신을 드러내지 않는 자제력이 있으며, 재능을 성공으로 발전시켜 나갈 불굴의 끈기가 있다면 인생에는 두려울 것이 없단다.

어떤 일이든 남에게 해를 끼치지 않는 범위에서 수단과 방법을 모두 동원해 목표에 도전한다면 반드시 성공할 수 있을 것이다. 한 가지 방법으로 안 될 때는 다른 방법을 시도해 보며, 가장 효과적인 방안을 찾아 노력해 가면 된다.

아인슈타인은 "실수를 하지 않은 사람은 새로운 것에 도전해 보지 않은 사람이다"라고 했다. 도전한다는 것은 얼마나 가슴 뛰는 것이냐! 실수를 해도, 서툴러도 좋다. 용기 있게 도전해 직접 부딪쳐 보는 것이야말로 젊은 날의 특권이란다.

낯선 환경, 낯선 사람이라고 덜컥 겁부터 먹을 것은 없다. 다리는 덜덜 떨리더라도 숨 한 번 크게 쉬고 웃음 머금은 얼굴로 남에게 말을 걸어 볼 일이다.

'부딪쳐 보지 않으면 아무 일도 안 된다. 반드시 저들과 어울려 보겠다' 라고 작정한다면 마음이 좀 편해질 것이다. 네가 낯설음이나 선입견의 장벽에 지레 겁을 먹고 숨어 버린다면 항상 수준 이하의 상대와 사귀게 될 뿐이다. 무엇을 하든 마음속으로 '할 수 없다' 고 단정 지어 버린 일은 절대로 할 수 없게 되는 것이다.

능력이 특별히 뛰어나지 않은데도 성격이 명랑하고 매사에 적극적으로 행동하며 끈기와 인내로 출세한 사람도 있다. 그런 사람은 상대가 여성이든 남성이든 상관없이 그 누구에게도 거부당하는 일이 없다. 또 힘든 일에 부딪쳐도 좌절하거나 포기하지 않는다. 두 번, 세 번 넘어져도 또다시 일어나 전진하고 마침내 뜻을 이룬다. 얼마나 훌륭하냐?

너도 그런 사람들의 태도를 본받았으면 좋겠다. 너의 인격과 교양이라면 어쩌면 그들보다도 훨씬 빨리, 확실히 목표에 도달할 수 있지 않을까 기대되기도 한다. 너에게는 남보다 뛰어난 자질이 있으며 행여 넘어지더라도 다시 일어날 수 있는 젊음도 있지 않니.

아빠는 처음 사회생활을 시작하며 동료들을 소개받았을 때, 아직 학생의 티조차 벗지 못했던 터라 업무를 능숙하게 소화해

내는 선배들 앞에서 주눅이 들고 말았지. 무슨 일이 있을 때마다 그들이 나를 비판하며 우습게 보고, 손가락질 할 것 같았단다. 지금 생각해 보면 당연히 실수를 할 수 있는 풋내기의 입장이었는데도 말이다.

그 당시 아빠에게 만일 해내야겠다는 굳은 의지가 없었다면 견디지 못했을지도 모르겠다. 하지만 내가 곤혹스러워 하는 걸 알고 친절히 가르쳐 주는 사람들도 있었기에, 용기를 내서 달려들어 지금까지 올 수 있었단다.

우리는 뛰어난 사람들과 어울리고 싶어 하면서도 곧잘 그 속에서 자신이 부족하다는 생각을 갖게 되고, 다른 사람들이 자신을 주목하고 비웃고 있는 것 같은 느낌에 사로잡혀 자신감을 잃기도 한다.

남들이 작은 목소리로 소곤거리고 있으면 자신을 흉보는 것이라 생각하게 되고, 몇 사람만 모여서 웃고 있어도 자기 얘기를 하는 것처럼 느끼는 것이다.

하지만 실은 그들은 너와는 전혀 상관없는 화제를 놓고 말하고 있을 뿐이지. 다만 네가 그렇게 느끼는 게 문제인 거야. 뛰어난 사람들 속에 섞여 있으면서 겪게 되는 실패나 좌절이 꼭 나쁜 것만은 아니란다. 그 속에서 너도 차츰 세련되고 원숙한 업무 방식을 익히게 될 것이기 때문이다.

그런 환경에 적응해 나가면서 너와 가장 친하게 지내는 사람에게 잘못을 지적해 달라고 부탁을 할 수 있는 용기를 가진다면, 그것이 두 사람의 우정을 가늠해 볼 수 있는 기회도 되겠지.

자신의 부족함을 허물없이 지적해 준 사람에게 진심으로 감사의 마음을 표현한다면, 상대방 역시도 너에게 좋은 감정을 가지게 된단다. 이런 일이 반복된다면 비판을 기분 좋게 받아들일 줄 아는 사람이 될 것이고, 너는 직장 상사나 동료의 충고를 통해 자신을 발전시켜 차츰 그 어떤 상황에서도 당당하고 자신 있는 인간으로 성장하게 될 것이다.

　다른 사람의 좋은 모습을 발견하고 열심히 흉내를 내어 본다면 그것이 그리 힘든 일이 아니라는 것을 금방 알게 될 것이다. 실수를 두려워하지 않고, 의욕적으로 끈기있게 나아간다면 말이다.

어려움을 극복하는 태도

1. '난 할 수 있어'라고 스스로에게 말한다.
2. 문제를 직시하고 회피하지 말자.
3. 말해야 하는 상황이 오면 분명하고 똑똑하게 말하자.
4. 다시 한번 문제에 대해 충분히, 냉정하게 생각하고 판단을 내리자.

포기하지 않는 한 실패는 없다

우리는 꿈을 이루기 위해 수많은 실패를 경험합니다. 실패 때문에 꿈을 포기했다면, 이 사람은 과연 대통령이 될 수 있었을까요?

에이브러햄 링컨 1809~1865, 미국의 16대 대통령

미국에서 가장 위대한 대통령이 누구냐고 묻는다면, 많은 사람들이 아마도 이렇게 대답할 것입니다.

에이브러햄 링컨!

하지만 가장 실패와 패배를 많이 경험한 대통령을 찾는다 해도 아마 이렇게 대답할 거예요.

당근 에이브러햄 링컨이지!

링컨은 가난한 농부의 아들로 태어나 스무 살에야 겨우 사업을 시작했으나

열심히 일하니 방앗간을 맡겨도 좋겠구나, 해보지 않겠니?

아, 감사합니다.

사업이 망해 닥치는 대로 일을 해서 빚을 갚아야 했어요. 그 결과 정직한 에이브(Honest Ave)라는 별명을 얻게 됩니다. 당시에는 머물던 땅을 떠나면 빚을 갚지 않아도 됐거든요.

법률학교도 입학을 거부당했으며,

정치가가 된 후에도 십여 차례의 선거에서 여덟 번이나 낙선했어요.

괜찮아요, 여보. 이길 수도 있고 질 수도 있는 게 선거잖아요. 너무 낙심하지 말아요.

그런데 1852년, 한 권의 소설이 미국과 유럽을 들썩이게 합니다. 이 소설에 대한 반응은 폭발적이었어요.

흑인 노예제도를 사실대로 표현했군, 감동적이야!

무슨 소리! 이건 북부 사람들이 써낸 거짓말에 불과 하다고!

대통령 후보들은 이런 남북의 갈등을 해소하기 위해 고민합니다.

노예제도의 존속은 백인들의 투표로 결정 하겠소!

노예제도는 없어져야 합니다.

노예제도는 인간의 이기심이 낳은 산물입니다.

노예제도에 반대하는 것이야말로 정의를 실현하는 것입니다, 여러분!

이 연설로 링컨은 삽시간에 전국적인 인물로 부상하지만 결국 선거에 패배하고 맙니다.

그는 패배를 할 때마다 이렇게 말했다고 합니다.

내가 걷는 길은 언제나 험하고 미끄러웠다. 나는 길 밖으로 미끄러져 곤두박질치곤 했지만, 그곳은 단지 미끄러웠을 뿐 낭떠러지는 아니었다.

만약 그가 거듭되는 실패에 한탄하면서 포기했다면 아무것도 해낼 수 없었겠지요. 링컨 특유의 긍정적인 마음과 열정이, 그를 위대한 대통령이 될 수 있도록 만든 거예요.

04 노력 없는 천재는 없다

나는 그간 수많은 사람들의 성공에 관한 기록과 역사적인 자료들을 뒤져 읽어 보았고, 전해 듣기도 했다. 그런데 가만 보니 타고난 재능은 성공과 별다른 관련이 없다는 걸 알게 되었지. 아빠가 확신하는 성공의 비결은 결국 자신의 경험과 훈련 그리고 끊임없는 노력이란다.

어렸을 때는 부모로부터 물려받은 '건강' 이 있는 덕에 몸에 쉽게 탈이 나진 않을 거야. 하지만 두뇌는 그렇지 않단다. 링컨은 "나이가 들면 자신의 얼굴과 옷차림에 책임을 져야 한다"고 했는데, 네 나이 때는 그보다도 자신의 두뇌에 책임을 지는 일이 더 중요하단다. 두뇌와 재능은 결국 얼마나 열심히 훈련하느냐에 따라 달라지는 것이니 말이다.

세상에는 어느 날 갑자기 나타나서 사람들의 주목을 한 몸에 받는 천재가 존재하는 것처럼 보인다. 하지만 그런 경우는 백만 명 중 한 명에 해당될까 말까 하다는 것을 알아야 해.

그동안 수많은 과학자들이 인간의 재능에 대해 연구했지만 선천적인 재능이 반드시 성공을 보장한다는 근거는 어디에도 없다는 연구 결과를 내놓았다.

왜 그럴까?

처음 어떤 과제가 주어지면, 사람들은 잘 해내기 위해 일을 빨리 배우지. 하지만 시간이 지날수록 긴장감이 떨어져 배우는 속도가 느려지고, 결국엔 그만 두게 되거나 포기하고 만다는 거야. 시간이 쌓일수록 계속 더 잘 할 수 있게 만드는 것은 결국 끊임없는 노력뿐이다.

명심하렴. 지금 너에겐 훗날 성공의 발판이 될 수 있는 그 어떤 지위나 재산도 없다는 것을. 게다가 아빠가 얼마나 더 활동을 하며 너를 돌볼 수 있을지, 가정을 위해 헌신할 수 있을지도 알 수 없단다.

아마도 네가 사회생활을 시작할 때쯤이면 아빠는 은퇴하여 말년을 보내고 있지 않을까.

그때 넌 무엇을 믿고 의지하겠느냐? 또 너 자신 이외에 누가 널 이끌어 주겠느냐?

스스로의 힘만이 유일한 성공의 길임을 잊지 마라. 아빠는 네가 그런 사람으로 자랄 것이라 믿는다.

어떤 사람들은 이런 불평을 종종 늘어놓는다.

"나는 실력을 갖추었으나 사회가 알아주질 않는다."

"나는 노력했으나 아무도 인정해 주질 않았다."

이런 식의 불만이 버젓이 신문이나 책에 실리는 것을 아빠도 자주 보았다. 하지만 내가 아는 한 실력이 있음에도 성공하지 못하는 사람은 없단다. 어떠한 장애가 있더라도 실력이 뛰어나고 끝까지 노력하는 사람은 반드시 성공할 수 있다.

사람들 중에는 무슨 일을 하건 단순하게 반응하거나 남들 하는 대로 따라 하는 사람이 있고, 반면에 적극적으로 상황을 주도하는 사람도 있단다.

유모차를 끌고 가던 아주머니가 계단 앞에서 난감한 표정을 짓고 있을 때, "제가 도와드릴게요" 하는 사람이 있는가 하면, 상대가 도와달라고 청해야 도움을 베푸는 사람, 또 못 본 척 그냥 지나쳐 가는 사람도 있단다. 살면서 매사에 불평불만을 터뜨리는 사람들은 아마도 후자의 경우일 거야.

어떤 일이나 상황을 주도하는 것이 꼭 지위가 높아야만 가능한 일은 아니다. 남이 시키는 일만 하는 사람은 나이가 많고 지위가 높아도 항상 상황에 끌려가게 된단다. 그러니 비록 나이가 어리고 지위가 낮아도 매사 주도적인 사람이 되어라.

주도하는 사람과 이끌려 가는 사람들을 놓고 보면 항상 주도하는 사람이 성공하고 부자가 되기 마련이다. 아빠는 네가 어떤 일에든 적극적이고 능동적으로 뛰어들어 상황을 주도하고 좋은 결과를 유도하는 사람이 되었으면 한다.

아빠는 믿는단다. 네가 주도하여 이끌어 갈 수 있는 너의 시대가 반드시 올 것이라고.

나의 생각

두뇌 훈련은 이렇게 해요

1. 나는 주간형일까 야간형일까?
가장 효율적일 때 공부하자.

2. 의식적으로 왼손을 사용하자.
왼손이 감성적 우뇌를 자극한다.

3. 플로 차트(flow chart)를 만들자.
머리에 떠오른 생각을 도형이나 그림으로 그려 보고, 다양한 색으로 칠해 보자.

세균 완전 정복!

파스퇴르가 세균과의 쫓고 쫓기는 추격전에서 승리를 거둘수 있었던 것은 꾸준한 노력 덕분이에요. 매일매일 목표를 달성하기 위해 한 걸음씩 다가가요.

루이 파스퇴르 1822~1895, 프랑스 생화학자·세균학의 아버지로 불린다.

세균은 치료약을 만들어도 금세 변하는 변덕쟁이 기질을 갖고 있어요.

으흐흐….

19세기 유럽에서는 세균 때문에 많은 사람들이 전염병으로 죽었다고 해요.

세균을 끊임없이 추적해 퇴치한 과학자, 그분이 바로 루이 파스퇴르 선생님입니다.

파… 파스퇴르다!!

파스퇴르? 그건 우유 이름인데?

세균과 면역에 대한 수 많은 특허를 가지고 있는 분이라고!!

그 시절만 해도 사람들은 세균의 존재를 잘 몰랐어요.

악마가 산다니까!!

이상하다? 음식 안에 뭐가 살길래…?

세균 때문이야. 끓여서 소독한 설탕물을 공기가 통하지 않게 보관하면, 시간이 지나도 변화가 없어요. 공기에 세균이 섞여 있다는 증거지요.

약한 광견병균을 몸에 넣으면, 강한 광견병균과 싸울수 있지 않을까?

광견병도 세균 때문에 전염되는 거구나….

박사님은 광견병 치료약 및 탄저병 백신, 식품 발효 저장 방법도 발명해 내셨지요.

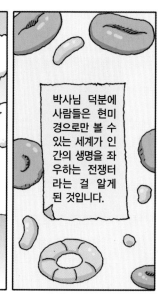

박사님 덕분에 사람들은 현미경으로만 볼 수 있는 세계가 인간의 생명을 좌우하는 전쟁터라는 걸 알게 된 것입니다.

의사는 아니었지만 그는 수많은 사람들의 생명을 구했어요.

세균아, 기다려라! 내가 간다!

뇌출혈로 몸의 반쪽에 마비가 온 후에도 실험을 계속했다고 할 정도니까, 엄청난 노력파지요?

새로운 사실을 발견해 내면서 늘 사람들의 반대에 부딪혀 일일이 설명하고 설득시켜야 했지만, 그 과정을 번거로워 하지도 않으셨어요.

수술할 때 손을 씻으라고요? 얼마나 바쁜데….

수술도 중요하지만 환자가 세균에 감염되지 않는 게 더 중요해요.

수술실

"새로운 과학적 발견은 그에 반대하는 가설과 의견을 모두 검토한 후에 이를 증명해야 하는 것입니다." –루이 파스퇴르

이런 노력이 오늘날 박사님을 위대하고 사랑받는 과학자로 기억하게 하는 이유예요.

정답은 문제 속에 있다

사람은 자극을 통해서 성장하게 돼요. 그것을 계기로 새로운 방향을 찾게 되죠. 성공한 사람들은 모두 이런 과정을 거쳤습니다.

토머스 에디슨 1847~1931, 미국의 발명가. 전구와 축음기 등을 발명했습니다.

10대의 에디슨은 공립학교에 오래 다니지 못했지만 독서량이 풍부한, 지혜로운 소년이었어요.

기관차는 너무 신기해! 기왕 학교를 그만 두었으니, 역 근처에서 일을 했으면 좋겠다!

으악! 큰일이야!!

역장님의 아들이 철로에 있어! 곧 기차가 들어올 텐데 어쩌나!!

에디슨은 바로 뛰어들어 아이를 구출해 냅니다. 순수한 의도에서 비롯된 이 일로 에디슨은 인생의 큰 전환점을 맞게 되지요.

역장은 보답으로 아주 복잡한 철도 전신 관련 기술을 가르쳐 주었거든요. 에디슨은 16세에 이 일을 시작하게 되고, 5년 후에 첫 특허를 내게 됩니다.

정말 고맙네, 에디슨 군!

그리고 곧 성공적인 발명가로서의 길을 걷게 되지요. 젊은 나이에 벌써 다중전산장치와 터커 테이프 전신장치를 비롯해 다양한 전신기술의 혁신을 꾀했으니까요.

후후후~ 내게는 돈이 있지롱~.

그런데 1870년 초에 재력가인 제이 굴드가 이 분야에서 산업의 독점화를 꾀하려고 했어요.

사장님이 자네는 필요 없다고 하시는데? 이미 굴드가 시스템을 모두 사들였네.

엥?!!

이제 어떻게 해야 한단 말인가! 16세부터 일해 온 전신 분야에는 이미 희망이 없다!

내가 굴드라면 어떻게 하겠는가?

에디슨은 이 문제에 대해 고민했어요. 결국, 제이 굴드가 전산 관련 시스템을 소유하고 있는 한 기술 혁신은 불가능하다는 결론을 내리게 됩니다.

이대로 주저앉지 않겠다!

나의 재능을 다른 데에 써서 꼭 일어나리라!

그 이후에 만들어진 것이 전구와 수력 발전, 축음기, 영사기 등입니다. 어려운 상황을 극복함으로써 발명왕으로 이름을 떨칠 수 있는 기회를 얻었던 거지요.

위기에 처했을 때 당황하지 말고 주위를 돌아보세요. 해답은 나를 둘러싼 환경이나 사람들에게서 찾을 수 있어요. 에디슨은 바로 그렇게 어려움을 이겨냈던 거예요.

지구는 푸른빛이었다!

유리 알렉세예비치 가가린 1934~1968, 러시아의 비행사

1961년 4월 12일 보스토크 1호를 타고 1시간 29분 만에 지구 상공을 일주함으로써 인류 최초로 우주비행에 성공하였다. 우주비행에 성공한 뒤 중위에서 소령으로 특진하였고, 우주비행사대 대장 등을 지냈다. 우주에서 지구를 바라보며 "지구는 푸른빛이었다"라는 유명한 말을 남겼다.

모험

꿈 꿀 수 있다면 이룰 수 있다

05 마음 한 뼘을 넓히는 여행을 떠나라

세상에서 인간이라는 완고한 존재를 바꿀 수 있는 것은 두 가지가 있단다.

그중 하나가 여행이요, 다른 하나는 사랑이다. 사랑이란 사람에게로 향하는 아름다운 마음이며, 사람의 마음을 더욱 가치 있게 보듬어주는 것이 바로 여행이란다.

이탈리아의 신학자 아우구스티누스는 '세계는 한 권의 책이며, 여행하지 않는 자는 단지 책의 한 페이지만을 읽는 것'이라고 했다.

네게도 여행을 할 기회가 자주 생길 것이다. 요즘에는 집을 떠나 외국에서 공부하는 친구들도 많다. 나는 그곳에서, 어떤 일을 하고 돌아와야 할지를 네게 말해 두고자 한다.

젊은이들은 종종 주의를 기울이지 않고 이야기를 듣거나 수박 겉핥기식으로만 사물을 판단한다.

그렇기 때문에 여행을 하더라도 관광 명소만을 들르게 되고, 다음 목적지까지 얼마나 걸리고 숙소는 어딘가 하는 쓸데없는 일에 정신을 팔 뿐이란다. 출발할 때 바보였는데 돌아와서도 역시 바보인 것이지.

가는 곳마다 호화 저택이나 풍경, 교회의 탑을 보고 고개만 주억거릴 뿐이라면 얻는 것은 아무것도 없다고 해도 지나치지 않다. 그럴 바에는 차라리 아무 데도 가지 않고 집에 있는 편이 훨씬 낫다.

반면에 어디를 가게 되면 그 지방의 풍습이라든가 지리적 역학관계, 특산물, 정치적 특징이나 법률의 특이성 등을 파악하고 오는 사람도 있단다. 이런 사람들은 여행 전보다 더욱 현명한 사람이 되어 돌아오게 된다.

아빠는 네가 어딘가를 가기 전에, 새로운 도시를 둘러보기 위해서 단 몇 분이라도 정보를 수집하는 노력을 하기를 바란다. 네가 가게 될 도시에는 유명한 건축물이나 아름다운 공연 등 볼거리도 많을 것이다.

하지만 그에 앞서 네가 알아야 할 것은 그 도시가 세워진 배경이라든가, 국가를 이루는 요소 등의 본질적인 내용이다. 그곳에 대해 깊은 내용을 알게 된다면 보다 많은 것을 즐길 수 있을 것이다.

예를 들어, 지방에 간다면 그 지방의 역사나 풍습에 관한 것을 적어 놓은 작은 책자들이 있으니 그런 것들을 먼저 구해서 읽어 보는 것이 좋다. 그리고 좀 더 알고 싶은 것이 있다면, 그 고장의 사람에게 물어 보아라.

알겠지? 뭔가 모르는 것, 궁금한 게 있다면 그것을 잘 알고 있는 사람에게 물어 보는 것이 가장 좋은 방법이다. 그런데 여행지에서 그런 친구들을 만드는 데엔 몇 가지의 예의가 필요하단다.

우선 겸손하게 다가가서 정중하게 답을 청해야 한다.

만약 들판에서 땀 흘려 일하는 농부에게 너무 어려운 철학적 질문을 한다면 그는 너를 무례하게 생각하고 자신을 모욕한다고 오해할 수도 있다. 농부에게는 부드러운 땅에서 나는 식물에 관한 것이나, 그 지방의 특산물에 대해서 물어보아라. 사람들은 대부분 자신의 일에 애착을 가지고 있기 때문에 신이 나서 자세히 설명해 줄 것이다. 그러므로 군대에 관한 지식을 알고 싶다면 장교에게, 다른 전문적인 지식을 알고 싶다면 그 방면의 전문가에게 물어보는 게 좋을 것이다.

독일의 교육자인 프뢰벨은 "여행은 인간을 겸손하게 만들어 세상에서 자신이 차지하고 있는 면적이 얼마나 작은 것인지를 깨닫게 해 준다"고 했단다.

많은 것을 보고 배워 넓혀진 너의 식견은 그런 사람들과 어울리는 데 부족함 없는 밑거름이 되어 줄 것이다.

자신감을 가지고 멀리 나아가서 보고 배우고 깨닫기 바란다. 여행이 끝난 뒤, 더 성장한 네 자신을 느낄 수 있을 것이다.

나의 생각

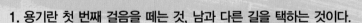

낯선 여행길에 위로가 되어 주는 말

1. 용기란 첫 번째 걸음을 떼는 것, 남과 다른 길을 택하는 것이다.
2. 이루려고 노력하는 용기만 있다면 어떤 꿈이라도 이룰 수 있다.
3. 슬픔이나 좌절이 생겼다 해도, 해 지기 전에 반드시 즐겁게 보낼 시간을 따로 마련하라.

나는 나를 잘 알까?

가장 먼저 배워야 하는 것, 그것은 자신에 대한 발견이다. 끊임없이 성장하며, 남이 가지 않은 길을 찾아 나서라.

프리듀프 난센 1861~1930, 노르웨이 동물학자 · 탐험가

누구나 태어날 때부터 위인은 아니에요. 그들이 지금 우리 곁에 있다면 평범한 삶을 살고 있을 수도 있겠지요.

자기의 생각에 굳은 믿음을 갖고 행동한 사람들이 위인이 될 가능성이 높은 것이에요.

난센은 노르웨이 사람들이 사랑하는 인물입니다. 그는 전형적인 노르웨이인의 기질을 타고 났거든요.

나야 뭐… 만년 열등생이었으니까.

난 어린 시절 꼬맹이라고 놀림 받았지.

난 죽을 때까지 그림을 그렸고.

흰 눈으로 덮인 노르웨이 숲은 어린 난센을 한없는 적막감과 고립된 환경에서도 견딜 수 있는 탐험가로 성장시켰어요.

와! 자연이라는 것은 정말 신기하구나! 인간이 만들어 낸 것들과는 비교도 되지 않을 만큼 신비스러워!

난센의 동기는 단순한 것이었지만, 자연을 알고자 하는 욕구와 도전 정신이 그를 탐험가의 길로 이끈 거지요.

와! 저 장엄한 만년설! 가 보고 싶다!!

1882년 북극을 여행하기로 결심을 한 것이 탐험의 첫걸음이 되었어요.

이렇게 이동하면 갈 수 있어. 계획을 세우면, 분명히 이루어진다..!

그는 위험을 기꺼이 받아들일 줄 알면서도, 철저하게 계획을 세우고 세부 사항을 점검하는 성격이었어요.

산에 오를 수 있는 체력!

그리고 산에 대한 지식!

그리고 5년 후, 6명으로 구성된 북극 여행 계획을 발표하고 마침내 그곳에 사는 에스키모인들을 발견하게 돼요.

이런 계획이라면 북극에 대해서도 조사가 가능합니다.

그리고 그간의 연구 결과를 바탕으로 4년 후 새로운 여행을 떠나게 되지요.

하지만 이렇게 인간의 한계를 깬 도전을 거듭하던 그가 가장 중요하게 여겼던 것은 자신에 대해 '아는' 것이었어요. 자신이 무엇을 좋아하고 잘할 수 있으며 어떤 점이 부족한지, 그것은 계획에 앞서 가장 먼저 알아야만 하는 것이었거든요.

06 시련이 위대한 인간을 만든다

요즘은 개인이 누릴 수 있는 생활의 폭이 매우 넓어졌단다. 예전에는 '누구네 집에 숟가락이 몇 개'인지까지 안다고 할 정도로 이웃과 가깝게 지냈지만, 이제는 그런 도를 넘어선 접근은 되려 부담스러운 것이 되어버렸다.

하지만 개인의 프라이버시를 존중하면서도 어떻게 다양한 사람들과 잘 어울릴 수 있을까 하는 것은 여전히 중요한 문제란다. 다만 10대의 경우엔 강한 연대의식으로 친구들과 연결되어 있어 보다 순수한 우정을 나눌 수 있는 때이기에 아빠는 네가 그것을 마음껏 누렸으면 한다.

하지만 언젠가는 순수한 친분을 넘어선 '친분관계'라는 것도 필요하다는 것을 알게 될 거야. 사회에서는 상대방의 영역을 인정하면서 유대감을 이끌어 내어 친분관계를 유지해 갈 수 있는 사람이 더 높은 성공의 확률을 가지게 된단다.

★ 열네 살, 너의 선택이 인생을 결정한다

그 중에서도 소질이나 능력이 비슷한 두 사람의 관계는 더 견고하게 발전할 수 있다. 서로의 능력을 인정하는 가운데, 상대방이 자신을 위해 자발적으로 호의를 베푼다는 것을 알았을 때 생활은 더욱 건강하게 활기차게 될 것이다.

그런 관계라면 이따금 서로의 이해가 대립되는 문제가 생겨도 쉽게 무너지지 않고 원만한 합의를 낳기가 쉽지. 비슷한 시기에 사회에 진출한 사람들과 비교했을 때도 네게 이러한 능력과 집중력이 있다면 곧 무리에서 돋보여 신망을 받으며 탄탄한 경력을 쌓아 나가게 될 것이다.

인생에서는 어느 면으로 보나 대등하지 않은 인간관계도 있을 수 있다. 한쪽에는 지위와 재산이 있으며, 다른 쪽에는 소질이나 능력이 있다고 치자. 물질적인 도움을 받는 쪽은 늘 상대방에게 공손하게 기분을 맞추어야 하는 한편, 도움을 주는 쪽은 그것이 표면적으로 드러나지 않게 더욱 신중을 기해야 하는 경우가 많다. 이러한 관계에서 보통 도움을 주는 사람은 자신이 지위나 재산으로 사람을 부린다고 생각하기 쉽지만 실상은 이용을 당하고 있는 경우도 많단다.

나는 평소에 입에 발린 듯 칭찬만을 일삼는 사람, 개성이 없어 다른 사람의 의견에 동조만 하는 사람, 예의를 모르는 사람들과는 친분을 쌓아서는 안 된다고 너에게 이야기했다. 하지만 현실에서는 그런 관계가 너무나 많고 또 일반화 되어 있단다. 그런 관계를 꺼리는 현대인들은 개인이 누릴 수 있는 자유와 함께 고독의 병을 앓고 있다고 보아야 하겠지.

그렇다고 해서 외로울 때마다 다른 사람에게 이용을 당하고 자신의 주도권을 내던져 버리는 일을 반복한다면 결국은 아무에게도 사랑받을 수 없는 사람이 되고 말 것이다.

아낌없이 사랑을 줄 수 있는 정열을 가진 사람은 결코 외롭지 않다. 세상에는 네가 해야 할 일이 너무나 많이 있으며, 아직도 만나야 할 수많은 사람들이 있는데 몇 번 실망했다고 해서 꿈과 열정을 포기해 버려서는 안 된다.

설령 누군가에게 이용을 당했다고 해도, ‘나라는 사람이 그래도 가치가 있으니 이런 일이 생기는 거야’ 하고 웃어넘겨 버려라. 넘어져도 다시 일어나 냉철한 이성을 되찾는다면 어려운 상황을 이겨 내고 새로운 도전을 계획할 수 있단다.

그리스 로마신화에 나오는 무적의 아킬레우스도 전쟁터에 나갈 때는 완전무장을 했다. 너 자신을 잃지 않는 가운데 신중하게 인간관계를 구축하고 유지해야 한다. 그것이 인생을 빛나게 하는 성공의 요인인 것이다.

★ 열네 살, 너의 선택이 인생을 결정한다

나의 생각

인생의 위기에 힘이 되어 주는 말

1. 크게 실패할 용기를 가진 자만이 크게 성취할 수 있다.
2. 역경은 더욱 단단한 디딤돌이다.
3. 진정한 성공은 성공할 수 없을 것이라는 두려움을 극복하는 것이다.

위기마다 오뚝이처럼

성공은 최종적인 게 아니며, 실패는 끝이 아닙니다. 중요한 것은 지속하고자 하는 용기입니다.

탈레랑 페리고르 1754~1838, 프랑스의 정치가

루이 18세는 탈레랑을 못마땅하게 여겨 해임시킬 기회를 노리고 있었습니다.

탈레랑, 자네는 여기보다 시골을 좋아하지 않는가?

물론 좋아합니다. 폐하께서 행차하신다면 기꺼이 제가 수행하겠습니다.

탈레랑은 바로 그 뜻을 알아차리고 대꾸했지요.

아니, 언제쯤 고향으로 내려갈거냐는 말일세.

그럴 예정은 없지만 벨기에의 '캉' 보다는 가까우니 언젠간 가게 되겠지요.

벨기에의 '캉' 이라는 곳은 루이 18세가 망명했던 곳이에요. 왕의 뜻을 알고 은근히 일침을 놓은 것이지요.
어제의 친구가 오늘의 적으로 변하는 정치계에서도 그의 수완은 빛을 발했습니다

나폴레옹, 내가 정치계에서 물러나도 계속 자네를 도와줄 수 있을 것 같나?

저도 그러실 것으로 알고 있습니다. 그래서 폐하의 세력이 언제까지나 온 세상에 떨치기를 날마다 기도하고 있답니다.

패기만만한 젊은 나폴레옹을 제압한 것도 그렇지만, 가장 유명한 일화는 빈 회의에' 참석했을 때예요.

내가 주재하는 회의니, 송어 요리를 준비해 주게.

하지만 송어가 두 마리 밖에 없어서요…. 손님들은 열 명인데 아무래도 모자랍니다.

그럼 이렇게 해서 송어가 많은 것처럼…

속닥 속닥

그리고 파티가 시작되자 송어 요리가 들어왔어요.

오~ 먹음직스럽다!

앗! 어이쿠!

아니 이런! 바로 다시 송어 요리를 가져오도록 하라!

잠시 후 다시 송어 요리가 나와 모두 맛있게 먹었는데, 물론 이 송어가 아까 엎지른 송어라는 것은 말할 필요도 없겠지요?

탈레랑은 노련한 정치가로 대혁명시대, 나폴레옹 시대, 왕정 복고시대에 걸쳐 계속 변신하며 사람들과 친분을 맺고, 위기 때마다 오뚝이처럼 일어났습니다. 사람들의 질투를 받기도 했지만, 뛰어난 정치가로 후대에 기억되고 있어요.

고난의 시기에 동요하지 않는 것,
이것이 탁월한 인물이라는 증거다.

베토벤 1770~1827, 독일의 작곡가

궁정합창단의 감독인 할아버지가 돌아가시면서 가난한 어린
시절을 보냈습니다. 귀가 들리지 않게 되자 피아니스트에서
작곡가로 전향하고, 장애의 고통을 발판 삼아 수많은 작품을
만들었습니다. 〈월광〉 〈영웅〉 〈운명〉 등의 작품은 후대의 음악
가들에게 큰 영향을 끼쳤습니다.

열정

내 안에 잠든 거인을 깨우자

07 열정은 무엇으로 이루어졌을까

모든 걸 잃게 되더라도 절대로 잊으면 안 되는 것이 무엇인 줄 아니?

그것은 바로 '열정'이란다. 실패하더라도 열정만 있으면 다시 시작할 수 있지. 뜨거운 열정만 있으면 세계의 역사를 바꿀 수도 있는 거란다.

열정이 없는 사람과는 함께하지 마라.

이탈리아의 화가 미켈란젤로 부오나 로티는 "대부분의 사람들에게 가장 위험한 일은, 목표를 너무 높게 잡고 거기에 이르지 못하는 것이 아니라 목표를 너무 낮게 잡고 거기에 도달하는 것이다"라고 했다.

너와 같은 또래의 친구들은 수도 없이 많다. 그들은 훌륭한 사람이 되고, 성공한 인생을 살고자 하는 같은 목표를 가졌다. 그런데 남들보다 부유한 환경 속에 있다고 대충 공부하는 친구가 있는가 하면, 자신이 열악한 환경에 처해 있기 때문에 이를 악물고 더욱 공부를 열심히 하는 친구도 있다.

인간이 이렇듯 같은 목표를 가지고도 각기 다른 결과를 만들어 내는 것은 그가 가지고 있는 '열정'의 크기 때문이란다.

열정이 없는 이는 늘 어둡고 편중된 생각을 갖는다. 열정은 '멋지게, 잘 살고 싶은' 인간의 본능에서 나오는 것이다. 열정이 부족한 사람은 배터리가 얼마 남지 않은 음향 기구처럼 맥없는 소리만 뱉어 낼 뿐인 것이다.

열정이 있고 활기찬 사람은 성공하겠다는 야망과 용기가 있다. 또한 그런 사람은 주위 사람들에게 즐거움을 주고, 분위기를 이끌어 간다.

아빠가 다시 말하자면, 존경 받는 사람이 되려면 그만한 노력이 필요하고, 열정을 가진 사람만이 분명한 목표를 가지고 한곳에 노력을 집중할 수 있다는 것이다. 이는 곧 열정이 있는 사람이 존경 받는 사람이 된다는 것을 뜻하는 것이기도 하다.

끊임없이 변화해 가는 드넓은 세상 속에서 네가 해야 할 일은 너무도 많다. 그러니 학교 공부뿐만이 아니라 세계의 정치 상황이나 국가 간의 이해관계, 경제, 역사, 관습 등에 관한 지식도 폭넓게 쌓아야 할 것이다. 그것은 네가 열정을 품고 노력만 한다면 충분히 할 수 있는 일이다.

'아무래도 안 되겠다'거나 '도저히 못 하겠다'라는 말은 용납될 수 없다. 무엇을 해야 하는지 알고 있으면서도 하지 않는 것은 젊은 날의 가장 큰 적인 '태만'이기 때문이다.

꿈꾸고 이루어야 할 만한 가치가 있는 것에는 크고 작은 난관이 있게 마련이다. 그런데 태만한 사람들은 조금 어렵다거나 귀찮으면 금방 포기해 버리고 말지. 목표로 한 일을 끈기 있게 해내지 못하는 것이다. 이런 사람들은 '어려운 일'을 아예 '불가능한 일'로 단정 지어 버리고 자신의 태만을 변명하기에 급급하단다. 진지하게 정면으로 부딪쳐 보면 해내지 못할 일은 거의 없는데도 말이야.

또 어떤 학생들은 "왜 공부를 해야 하는지 모르겠다"고도 한다. "부모님에게 혼날까 봐" "선생님이 시키니까"라는 이유를 들먹이고 있으니 공부에 신이 날 리가 없지. 너는 스스로 '내가 지금 왜 공부를 하고 있으며, 장차 어떤 사람이 되고 싶은 것인지'를 물어야 한다. 그리하여 10년 후의 네 모습을 그려 볼 수 있는 사람이 되어야 한다.

힘껏 뛰어라. 결승점에 도달했을 때, 걸을 수 있는 힘이 남아 있다면 최선을 다한 것이 아니란다. 결승점을 통과한 후 지쳐 쓰러질 정도로 너의 모든 것을 걸게 만드는 최선의 1%가 바로 '열정'인 것이다.

나의 생각

학습의 효율성을 높이자

1. 나는 어떤 학습 유형에 속할까?
학습의 기초를 다져야 할까? 학습의 동기가 부족한가?

2. 내 공부 방법의 장단점을 찾아본다.
책상 앞에 앉아 있으면서도 시간이 부족한가?
타인에게 의지하며 공부하는가?

내 눈으로 세상을 볼 테야

아인슈타인의 독창적인 상대성 이론은 그가 다른 과학자들과 다른 길을 걸었기 때문에 가능했어요. 그것은 한눈팔지 않는 열정이 가져온 성과였습니다.

알버트 아인슈타인 1879~1955, 독일의 물리학자

여보! 왜 우리 아이는 세 살이 넘도록 말을 못하는 걸까요?

내일 당장 병원에 가 보도록 합시다.

아인슈타인은 19세기 독일의 엄격한 주입식 교육 아래서는 전혀 두각을 나타내지 못했어요.

아인슈타인! 너 학교에서 무슨 짓을 하는 거니?

네? 저는 아무 짓도 안 했는데요, 선생님.

내가 가르치는 것에는 철저히 무관심하고 몽상에 젖어 있으니…. 다른 친구들에게 방해만 되잖아!

그는 발달이 느렸기 때문에 열 살이 될 때까지도 독일어를 제대로 하지 못했답니다.

역사, 지리, 외국어가 낙제?

성 적 표

난 주입식 교육이 너무너무 싫단 말이야!

그는 남 앞에 나서는 것을 꺼렸고, 혼자 공부하는 걸 좋아했어. 학교? 물론 지독히 싫어했어요.

수학 시간도 싫어서 밥먹듯 빼먹었고, 시험은 친구의 노트를 빌려 베껴 가며 공부를 했대요. 한마디로 열등생이었지요.

Mayhematics

Einstein

아인슈타인, 그렇게 공부를 안 해 어쩌려고 그래? 취직하기도 힘들 텐데.

친구 마르셀은 학교에서 적응 못하는 모습만 보았을 뿐, 그의 숨은 열정을 보지 못했지요.

아싸, 마르셀! 나도 대학 졸업이다! 공부도 끝이다!!

오~ 아인슈타인! 우리 회사로 들어와! 난 여기서 인정받고 있으니 내가 취직시켜 줄게.

세상에…. 다들 일하느라 실험 자료들은 쳐다보지도 않잖아? 아까워라….

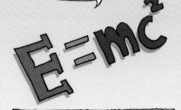

"자발적 연구가 건조한 가르침보다 훨씬 뛰어난 교사이다."
- 아인슈타인

$$E = mc^2$$

그는 특허청 말단 직원으로 일하는 7년 동안 대표적 연구 성과로 남은 광전 효과, 상대성 이론을 완성시켰어요. 그는 기회를 준 친구의 은혜를 평생 잊지 못했지요.

16세에 문득 빛에 올라타면 어떻게 될까? 하는 의문을 가졌지. 그리고 10년 동안 연구에 몰두했어.

상대성 이론은 어떻게 생각해 내신 건가요?

그 간단한 질문이 오래도록 풀기 어려운 문제였지만 나는 *노새 같은 고집이라는 하늘이 내려 준 선물을 가지고 있었지.

내겐 특별한 재능이 있었던 것도 아냐. 다만 열정과 호기심으로 이루어 낸 것 뿐이야!

*노새(mule) : 수나귀와 암말의 잡종. 완고하고 고집 센 사람을 빗대어 주로 서양 문화권에서 쓰는 표현.

고흐 형님은 아무도 못 말려

여기 끊임없는 불행 속에서도 삶과 예술의 순수성을 지향한 한 사람이 있습니다. 여러분도 현실 앞에 주눅들지 말고 자신의 뜻을 펼쳐 보세요.

빈센트 반 고흐 1853~1890, 네덜란드의 인상파 화가

하지만 15세 무렵부터 집안이 어려워지면서 학업까지 포기해야 할 상황에 놓였지요.

여보, 아이들에게 더 이상의 교육은 무리요….

그나마 희망을 잃지 않고 나선 봉사 활동에서도 임시 목사 지위에서 해임되면서 극도의 개인적 불행을 경험했고,

왜 나만 갖고 그래!

'하이퍼 그라피아'라는 정신 질환까지 앓고 있었는데, 이 병은 정신을 흥분시켜서 광적으로 뭔가에 몰두하게 합니다.

당연한 말이지만, 병을 앓는다고 해서 무조건 창작을 하게 되는 것은 아냐. 선생님에게는 분명한 목표가 있었어.

그래. 비록 그림 그리는 일이 세상에서 가장 이해받지 못할 일 중 하나라도, 나에게는 과거와 현재를 이어 주는 고리가 된 거지.

그래서 언젠가는 자신의 그림이 높은 가치를 가지게 될 거라는 확신을 지니고 평생 한 점밖에 팔지 못한 그림 작업을 계속할 수 있었던 거예요.

나는 도대체 어떤 사람인가? 뭔가 유용하고 뜻있는 역할을 해낼 수는 없을까? 고흐의 일생은 그런 의문으로 가득 차 있었고 그는 그 답을 얻는 일에 자신의 인생을 바쳤어요. 늘 고생과 가난에 시달렸지만, 그것은 스스로 선택한 것이었어요.

그런 그의 작품이 미술계를 해방시켰고 '현실과 찰나'의 아름다움을 알게 했어요. 고흐의 그림으로 우리는 그 시대의 분위기를 생생하게 접할 수 있죠!

왜 남들과 똑같아야 돼?

인생엔 정답이 없습니다. 누구도 해낸 적이 없는 성취란, 누구도 시도한 적이 없는 방법을 통해서만 가능합니다.

조지 고던 바이런 1788~1824,
영국의 낭만파 시인. 〈게으른 나날〉과 〈돈주앙〉 등의 작품이 있습니다.

바이런은 영국이 낳은 세계적인 시인이지만, 선천적으로 휜 다리 때문에 고민이 많았던 소년이었어요.

에~ 절름발이!!

씨이~.

그는 매우 예민했으며, 한때 유모에게 애정을 느끼기도 했고, 고등학교에 가서는 친구들에게 많이 의지했다고 해요.

괜찮아요. 하나도 흉하지 않아요.

유모….

그래서 우정에 관한 명언을 많이 남기기도 했지요.

우정은 날개 없는 사랑이다!

그것이 애정으로 발전할 수는 있지만, 애정은 결코 우정이 될 수 없다.

그가 대학 시절 종교학 과목의 시험을 치르고 있을 때의 이야기입니다.

자~ 시험지를 받았으면 풀도록 해요!!

시험지에는 단 하나의 문제가 적혀 있었습니다.

예수 그리스도가 물을 포도주로 만든 것에 대한 종교적 의미를 쓰시오

아씨~ 왜 이런 문제가 나오냐구~

음….

음….

크크… 어제 공부 한 게 나왔 지롱~

자~ 시간이 지났으니 이제 슬슬 마무리 하도록!

음….

뭐야? 생각하는 듯 하더니 한 글자도 못 썼잖 아? 한심한 녀석 같으니라고….

학생, 한 줄이라도 써서 내도록 하게. 이건 교수님을 모욕하는 것이잖나.

예? 아, 예!

바이런은 단 한 줄을 썼어요.

물이 주인을 만나자 얼굴이 붉어지다.

바이런이 학교 공부를 열심히 하는 착한 학생은 아니었던 것 같죠?

하지만 왜 영국의 천재 시인이라고 하는지 알 수 있을 것 같지 않나요?

다른 학생들이 배운 대로만 답안을 쓸 때 바이런은 시인의 관점에서 나름대로의 창작을 해 낸 것입니다. 여러분도 때로는 다른 사람의 평가를 떠나 자신만의 생각을 펼쳐 보세요.

08 들여다볼수록 재미있는 역사

너는 책을 읽으면서 어떤 생각을 하고 있니?

글을 쓴 작가가 말하고자 하는 뜻, 소설 안의 배경, 짧은 글 안에 숨겨 놓은 작가의 의도 등등… 글은 쓴 사람의 생각이 가득 들어 있는 재미있는 창고란다. 글을 읽으면서 글 쓴이의 세계에 흠뻑 빠져 추리와 상상의 날개를 펴는 것은 독서만이 줄 수 있는 즐거움이지. 하지만 역사에 관한 한, 하나의 사건 에도 추측과 학설이 난무하기 때문 에 너에게 역사를 읽는 법에 대해 들려주고자 한다.

★ 열네 살, 너의 선택이 인생을 결정한다

역사를 읽는 눈은 오늘을 살아가는 우리에게 꼭 필요한 것이다. 역사를 바로 보고 읽을 줄 아는 능력을 갖춘 사람은 훌륭한 조언자들을 곁에 두고 살아가는 것과 같으니 그만큼 유리한 입장에 서 있는 것이란다.

다만 역사는 이미 지나간 시대의, 주목할 만하다고 간주한 일에 대한 기록이고 그 '기록'은 오차가 있을 수 있다는 것을 말해 두고 싶구나.

널리 알려진 역사적 사실을 한번 되짚어 볼까?

나폴레옹의 러시아 원정은 실패로 돌아갔다. 가장 피해가 컸던 이 '러시아 원정'에 대해 대부분의 기록은 나폴레옹이 "우리는 날씨의 희생양이다. 우리를 파멸시킨 것은 혹독한 겨울 날씨였다"고 회고했다고 적고 있단다.

하지만 이후에 밝혀진 사실에 의하면 1812년 모스크바의 겨울은 사상 유래가 없이 따뜻했다. 그 때문에 땅이 질척하게 녹아 내려 대포를 끌고 가기도 힘들었으며, 베레지나(Beresina) 강이 얼지 않아 건널 수도 없었다고 한다. 또 따뜻한 날씨 때문에 창궐했던 발진티푸스와 기생충들도 장애가 되었다고 하는구나.

이렇듯 과거의 기록은 지금도 끝없이 새롭게 밝혀지고, 번복되고 있으니 역사를 볼 때 이러한 점들을 염두에 두어야 할 것이다.

당대에는 인정을 받지 못한 아인슈타인과 피카소 두 천재는 비슷한 시기에 작품과 연구를 발표했다. 이와 같은 세계사의 어떤 규칙적인 기록 또는 우연성에 대해 칸트는 의문을 가졌고, 헤겔은 그 의문에 대한 답을 하게 된단다.

"한 시대의 뛰어난 위인이란 그 시대의 의지를 표현하고, 의지를 실행하는 개인일 뿐이다"라고 말이야. 사람들은 앞으로도 끊임없이 역사에 대해 학습하고 수많은 의문을 던지며 오늘을 살아가는 데 필요한 해답을 구하려고 할 것이다.

재미있지? 우리가 살며 생각하는 것은 역사의 연속성 안에 들어 있는 행동들이며, 역사는 그것을 이루는 개인인 우리들이 만들어 간다는 것이 말이다.

하지만 책에 쓰여 있는 역사적 기록을 보면 대개는 특수한 사건들에 대한 기록이기 때문에, 여과 없이 무조건 일상에 빗대어 배움의 기회로 삼는 것은 문제가 될 수도 있겠지.

시저는 23명의 음모로 살해되었다. 이것은 의심할 여지가 없다. 그러나 그 23명의 음모자가 과연 진정으로 자유를 옹호하고 로마를 사랑했기 때문에 시저를 살해한 걸까? 배경을 파헤치게 된다면 사건의 주모자 브루투스조차도 개인적인 욕망이나 시기심, 원한, 자존심 같은 사적인 동기로 움직였을 가능성이 있단다.

역사에 관한 기록은 하나하나가 각기 다른 학설과 연구의 결과물일 수 있으므로 따로따로 논해야 한다는 것을 알아 두려무나. 비슷하다는 것과 똑같다는 것은 의미가 다르다. 의견과 학설이란 어디까지나 참고로 삼는 데 그쳐야지 그것을 판단의 근거로 삼아서는 안 되는 것이다.

수많은 사람들의 가설로 시작된 연구의 노력들이 쌓이고 쌓여 마침내 역사의 진실을 밝혀내고 삶의 지혜를 구하는 방법을 찾는 거란다. 그것이 바로 우리가 역사를 공부하는 이유인 거지. 이해할 수 있겠니?

나의 생각

역사를 알면 세상이 보인다!

1. 역사란 무엇일까?
'과거에 있었던 사실'과 '조사하여 기록된 사료'의 조합

2. 나만의 세계관을 가지자.
세상을 보는 나만의 시각인 세계관은 논술의 바탕이다.

그래도 지구는 돈다니까!

갈릴레이는 어떤 상황에서도 과학자로서 진리를 추구하는 자세를 버리지 않았습니다. 그에게서 보편적인 원리를 적용하는 방법을 배워 보세요.

갈릴레오 갈릴레이
1564~1642, 이탈리아의 철학 · 과학 · 물리 · 천문학자이며 과학혁명의 주도자

물리학이란 자연에 관한 학문입니다. 물질이 가진 입자나 우주의 움직임까지 포함된, 광범위한 학문으로 정의할 수 있지요.

이 세상엔 보이지 않는 것과 보이는 것, 두 가지가 존재하지요.

그것은 아리스토텔레스가 '순수한 이상'인 '철학'을 분리해 내면서 세상에 나오게 되었어요.

14세기, 갈릴레이가 수학적 언어를 토대로 '가설과 측량'을 성립시키면서 물리학에는 비로소 '실험적 검증'이라는 원칙이 생기게 되었어요.

우씨~ 어려운 과목이 또 하나 생겼잖아요.

무슨 소리! 알면 알수록 얼마나 재미있는 학문인데!

너, 코페르니쿠스의 〈지동설〉은 아니? 지구가 태양 주위를 돌고 있다는 이론 말이야. 난 그것에 완전히 빠져들었거든.

한가하셨나 봐요?

이 버릇 없는 녀석! 책을 읽지도 않고 그런 식으로 말하면 안 되지!

딱!!

아야!

실제로 갈릴레오는 지동설을 발전시킨 자신의 책, 〈별의 전언〉을 펴낼 정도로 물리학을 사랑했어요.

하지만 당시의 시대 상황은 그 이론을 받아들이지 못하는 분위기 였습니다.

당시 유럽에서 교황청의 세력은 왕에 버금가는 것이었으며,

교황청은 성서를 문자 그대로 해석하는 '성서직역주의'를 채택하고 있었거든요.

성서가 곧 세상이다. 성서에 쓰인 것이 곧 진리다!

제 연구에 의하면 우주에는 지구 외의 행성들이 있으며, 그것들은 태양을 중심으로….

아니, 이런 큰일 날 사람을 봤나!

갈릴레오는 고민했지요. 그의 이론은 성서를 그대로 해석할 경우, 배치되는 내용이 많았거든요.

교황청에서 반대하는 일을 할 수는 없다….

하지만 이것은 진실인데….

그는 한때 신부를 꿈꿨을 정도로 독실한 기독교인이었으나 결국 과학자로서 결심을 굳히게 됩니다.

성서에 나오는 천동설에 대한 암시는 문자 그대로 해석할 필요가 없습니다. 더군다나 제 이론이 성서와 정반대인 것도 아니고요.

그의 학설은 격렬한 항의를 받았고, 종교재판에서 유죄 판결을 받았습니다. 고령임을 감안해 가택 연금처분을 받기는 했지만요.

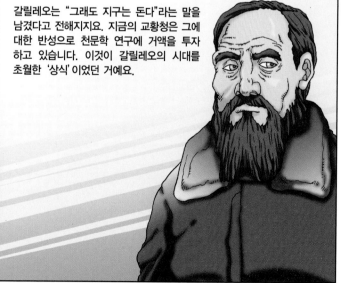

갈릴레오는 "그래도 지구는 돈다"라는 말을 남겼다고 전해지지요. 지금의 교황청은 그에 대한 반성으로 천문학 연구에 거액을 투자하고 있습니다. 이것이 갈릴레오의 시대를 초월한 '상식'이었던 거예요.

진리를 깨닫는 것은 금을 얻는 것과 같다.

새뮤얼 스마일스 1812~1904, 영국의 저술가

외과 의사로 일하다가 신문사 편집장이 되면서 저술활동을 시작
했어요. 사회운동가로도 활동하며 영국의 국민들에게 검소하고 성
실한 삶의 자세를 일깨웠습니다.

배움

인생에는 때가 있다

09 즐겨야 할 때 즐기자,
배워야 할 때 배우자

요즘 학교생활은 어떠냐? 친구들과는 '즐겁게' 지내고 있니?

혹시 무엇인가에 빠져서 시간을 허비하고 있지는 않는지, 아니면 친구들과 보내는 한때만을 즐거움이라 생각하지는 않는지 궁금하구나.

물론 참다운 놀이에서 즐거움을 찾는 것은 바람직한 일이고, 때론 철저하게 놀이에 빠질 수도 있어야 한다. 나는 정서적으로나 신체적으로 도움이 될 만한 놀이에 네가 열중할 것을 권하고 싶다. 다만 어떤 것이 참으로 즐거운 놀이인가를 자신에게 물어본 후 그렇다고 생각되는 것을 하라는 것이다.

영국의 천문학자인 러셀은 '여가를 지적으로 채울 수 있다는 것은 문명의 최대 성과'라고 말했다. 여가를 통해 더 발전적인 일을 하는 것도 좋겠지만, 놀 때 철저하게 놀고 일할 때 남들보다 더 열심히 일을 할 수 있는 사람 또한 멋지다.

★ 열네 살, 너의 선택이 인생을 결정한다

　프랑스의 철학가 몽테뉴는 놀이와 향락에 대해 '사람에게 최악의 상태란 자기의 인식과 자신이 처한 상황을 제어할 수 있는 힘을 잃었을 때'라고 했으니, 사람이란 자신의 일 외에도 놀이를 문화처럼 즐기되 깊이 빠져들지 않을 강한 정신력 또한 가지고 있어야 한단다.

　열심히 일에 매달린 사람만이 놀이에서 즐거움을 찾을 수 있는 자격이 있는 것이다. 로마의 정치가이자 장군이었던 줄리어스 시저는 일과 놀이에 균등하게 시간을 쓰면서 일생을 능률적으로 살았다. 실제로 수많은 여성과 연애했지만, 훌륭한 학자, 웅변가로서도 최고의 자리에 올랐고 또 로마 최고의 지도자로 인정을 받았지.

　네 주변 사람들을 보면 가만히 있어도 짜증이 난 것처럼 인상이 좋지 않거나 혈색이 나쁜 사람들이 있을 것이다. 그런 사람들은 늘 불만으로 가득 차 있거나 자포자기의 상태에 빠져 있기 쉽다. 그들은 지식이나 지혜에 대한 탐구도 없고 학문을 통해 즐거움을 느끼지도 못하는 이들이란다.

지적 수준이 낮은 사람들은 수준 낮은 쾌락을 추구하고 그것에 온통 마음을 빼앗긴다. 하지만 지적 수준이 높은 사람들이나 좋은 친구를 가지고 있는 사람들은 타락할 위험이 적고 세련된 놀이, 적어도 품위를 잃지 않는 놀이를 찾게 된단다. 놀이가 즐거움만을 목적으로 하지 않고 인생을 보다 열정적으로 살 수 있게 하는 휴식에 불과하다는 것을 그들은 잘 알고 있다.

거듭 당부하고 싶은 것은 일과 놀이를 분명하게 구분하여 생활하라는 것이다. 아침에는 책에서 배우고, 밤에는 친구에게 배워라. 이것을 실천하려면 향락에 빠질 시간이 없을 것이다. 자동차가 달리기 위해 중간 중간 기름을 규칙적으로 넣는 것처럼, 공부하는 틈틈이 몸과 마음의 밸런스를 유지하기 위해 적절한 휴식이 필요한 거란다.

공부를 해야 할 시간이라면 함께 즐기자는 친구들의 제안을 자연스럽게 거절해도 괜찮단다. '고맙지만 안 되겠다. 오늘은 꼭 봐야 할 책이 있어. 토요일은 괜찮은데 그때 가도 될까' 하고 말이다.

그렇게 네 뜻을 전한다면 친구들은 분명하면서도 겸손하게 거절할 줄 아는 너의 용기를 부러워 할 것이고 너의 의견을 존중하게 된단다.

물론 매력적인 여성을 만나는 것도 좋은 일이다. 상대가 너를 이성 친구로 받아들이느냐 그렇지 않느냐는 네가 하기에 달렸겠지만, 친구와 마찬가지로 너의 품위를 떨어뜨리고 나아가 너를 파멸시킬 수 있는 여성은 피해야 한다.

이렇듯 스스로 원칙과 기준을 두고, 현명하게 지켜 나간다면 너는 훌륭한 사회인으로 성장해 주위로부터 인정받을 수 있을 것이다.

모든 어른은 어린 시절을 보낸 사람들이다. 그 중에는 네가 꼭 닮고 싶은 사람도 있고, 실망스러운 모습을 보이는 사람도 있을 것이다. 깊이 생각해 본다면, 원인과 결과와의 관계도 짚어 볼 수 있겠지.

　선택은 너의 몫이야. 하지만 배움의 시기에는 스스로 엄격하지 않으면 절대 성장할 수 없는 것이란다.

　물론 네가 나와 똑같은 생각을 가져야 할 필요는 없다. 그런 면에서 아빠라기보다는 친구로서 조언을 한 것이니 마음으로 받아들여 주길 바란다.

난 지금 공부해야 하는데…

1. 친구의 부탁을 거절할 때는 되도록 빨리 알린다.
2. 함께 놀 수 없는 이유를 분명하게 말한다.
3. 쓸데없는 변명이나 빤히 보이는 거짓말은 하지 않는다.

차가운 머리, 뜨거운 가슴

보람 있는 일에 복종하는 지혜를 가져라. 그 일을 방해하는 것들을 생활 속에서 정복하라. 우리들의 하루는 정복의 노력으로 빛나야 한다.

요한 볼프강 폰 괴테 1749~1832, 독일의 시인·극작가

괴테는 늘 그가 '훌륭한 문화의 토양'이라 불렸던 중산층 출신이었어요.

와~책 좀 봐!!

어린 시절에는 집에 잘 꾸며진 서재와 화랑이 있을 정도로 예술적인 환경에서 성장했고요.

그가 쓴 〈젊은 베르테르의 슬픔〉은 나폴레옹도 7번 읽었을 정도로 많은 사람들의 사랑을 받았어요.

아, 진정한 사랑의 글이야 ….

그의 시는 수많은 여성의 마음을 녹였으며 그는 여기저기서 스캔들을 일으켰어요.

형님이라고 불러!!

부럽다!!

실제로 그가 사랑했던 여성들도 친구의 약혼녀로부터 50세 아래의 소녀까지, 한두 명이 아니었다고 해요.

괴테의 이런 독특한 사랑 방식은 그의 작품 활동에 훌륭한 거름이 되어 주었고, 지금도 연인들 사이에 곧잘 인용됩니다.

그는 바이마르 공화국에 초빙되었고, 추밀원 고문관 자리에 오를 정도로 뛰어난 법률 지식이 있었으나 37세의 생일에 홀로 여행길에 오르게 됩니다.

이제야 진정한 내 삶이 시작되는구나. 로마여, 이 괴테가 왔느니라!

그는 사랑에 온전히 자신을 내맡기면서도 일상적인 생활 규율을 엄수했고, 창작력도 잃지 않았습니다.

그는 일생의 대작 〈파우스트〉에 이렇게 적고 있습니다.

영원히 여성적인 것이 우리를 끌어 올린다!

여성은 그에게 영원한 인도자이자 창조적 삶의 원천이었던 거지요.

근대 최고의 교양인 괴테에게는 삶의 양극을 오가는 자연스러운 능력과 변화를 조절할 수 있는 천부적 자질이 있었어요.

그에게 삶이란 상반된 것들을 자연스럽게 조화시키는 것이었고, 그는 타고난 재능으로 그것을 실현하며 유럽을 대표하는 대문호로 우뚝 설 수 있었어요.

형님이라고 부르랬지!

10 내 안에 닮고 싶은
그 사람이 있다

언행을 조심하고 배려를 아끼지 말아라.

그러나 아마도 사람의 마음을 열 수 있는 열쇠는 그런 상투적인 말보다는 감각적인, 그 사람이 가진 특별한 '재능'에 있지 않을까 싶기도 하다.

어떤 문제가 생기면, 대부분의 사람들은 그 문제를 해결하고자 골머리를 앓게 된단다. 문제가 해결된다면 그나마 다행이지만 세상에는 자신의 힘으로 해결할 수 없는 일들이 많기 때문에 절망에까지 이르게 되는 경우도 많지.

소설가 트루먼 카포티의 경우를 보아도 그렇다. 그는 친부모들이 자신의 양육권 때문에 싸우는 모습을, 그 와중에 아버지가 감옥에 들어가는 모습을 지켜볼 수밖에 없었다.

모든 자녀가 좋은 부모를 가질 수만은 없단다. 하지만 이미 10대가 되었다면 자신

의 힘으로 주변의 어려움을 이겨낼 만한 지성을 갖추었다고 보아
도 좋을 것이다. 어린 시절의 불안함과 외로움을 글과 지식의 힘으
로 이겨낸 카포티는 그래서 더 사랑 받는 것이다.

　쉽사리 해결할 수 없는 일에 대해 고민을 해보
는 것도 나쁘지 않다. 하지만 문제는 너무 몰두하
게 되면 그 외의 일에는 관심조차 없어져 자신의 세계에
만 갇히게 된다는 것이다. 다른 사람들에게도 고민이 있고
문제가 있단다. 만일 그 점을 받아들이지 못한다면 조화롭게
이 세상을 살아갈 수 없을 것이다.

　만일 누군가가 네게 자신의 이야기를 털어놓을 때 그 사
람에게서 장점만을 찾아내려 한다면 너는 '조화로운 성
격'을 가졌다고 보아도 좋겠지만 혹시 부정적인 면들
만 눈에 띈다면 자신을 바꿔야 할 시점이 온 것이다.
그리고 자신의 단점을 고칠 수 있는 가장 빠른 길은
주변의 사람들을 주의 깊게 관찰하고 그들의 장점을 따라 해보는 것이라는 걸
새겨 두기 바란다.

　네 주위에 예의범절도 훌륭하고 태도나 말씨에 호감이 간다고 생각되는 인물이
있니? 그럼 그들은 손윗사람에게 어떤 태도와 말투로 대하고 있는지, 또 자기보다
지위가 낮은 사람에게는 어떤 태도를 취하는지 그리고 밥을 먹을 때 어떠한 화제
를 꺼내며, 초대를 받거나 선물을 받았을 때 어떻게 감사를 표시하는지를 철저하

게 살펴보고 그대로 따라 해보려무나. 다만 원숭이 흉내 내듯 외양만 따라 하지 말고, 위대한 화가가 다른 화가의 뛰어난 작품을 모사하듯 정성껏 따라해 보기를 바란다. 집중력과 관찰력이 더해진다면, 날개를 단 것처럼 곧 그 사람들과 대등하게 될 수 있을 것이다.

하지만 주변에 호감 가는 사람이 없다면 어떻게 해야 할까? 그럴 땐 누구라도 좋으니 주변 사람을 차분하게 관찰하면서 장점을 찾아내면 된다. 훌륭한 사람이라고 장점만을 가질 수는 없듯, 지극히 평범해 보이는 사람이라도 반드시 한 가지의 장점 정도는 가지고 있을 것이다. 너는 그것을 네 것으로 만들면 된다. 그리고 마음에 들지 않는 점이 있다면 역으로 생각해 참고하면 될 것이다.

호감을 갖게 하는 사람과 그렇지 않은 사람의 차이는 뭘까? 그들은 똑같은 식사를 하며, 옷을 입고, 말을 하지만 표현하는 방법과 태도가 다르단다. 그러므로 어떤 태도가 좋은 인상을 주는지, 어떤 차림이 불쾌한 인상을 주는지 잘 관찰해 본다면 자신을 어떻게 표현해야 할지 그 방법을 터득하게 될 것이다.

나의 생각

호감을 건네면, 존중이 돌아온다

상대방이 불쾌한 말을 하더라도 싫은 내색을 하거나 동요하지 않는다. 오히려 적극적으로 그것을 받아들이고, 상대방의 의견을 귀담아듣고 있다는 것을 상대방이 느끼게 하자. 그러면 상대방도 결국에는 나의 의견을 존중하게 된다.

배움에 부끄러움이란 없다

발전하라. 배울 수 있다면 아낌없이 모방하고 깨우쳐라.

한비 BC 280~233, 중국의 정치가 · 철학자. 〈한비자〉라는 책을 썼습니다.

환공이 고죽국을 토벌했을 때의 이야기입니다.

출발할 때는 봄이더니, 이제 겨울이 되어 돌아가는 길을 알 수가 없으니 어쩌면 좋소?

걱정마십시오, 전하. 이럴 때는 늙은 말에게 배우면 된답니다.

자, 길을 찾아가 보도록 해라!

오오~ 과연 신통하게도 길이 나오는구려.

하지만 전하, 이 넓은 들을 며칠간 걸어야 할 텐데 물이 다 떨어졌으니 어찌해야 할지 모르겠습니다.

원래 개미는 겨울에 산의 남쪽에 살고, 여름엔 산의 북쪽에 사는 습성을 가지고 있다고 하더이다. 개미집 아래를 여덟자 파면 거기에 반드시 물이 있다는 말을 들었으니

산을 벗어나기 전에 남쪽에서 개미집을 찾아보면 어떨까요?

오~ 좋은 생각이오.

와아~! 과연 있습니다. 물이 있어요!

후에 이 이야기를 들은 한비가 이런 말을 했다고 합니다.

관중이나 습붕 같은 지혜로운 사람들도 모르는 것이 있을 때 말이나 개미를 스승으로 삼는 데 주저하지 않았다.

그런데 오늘날의 사람들은 성인의 지혜를 받들 줄 모르니, 참으로 어리석지 않은가.

군자는 스승을 가리지 않는다고 했습니다. 배울 만하다고 생각되면 상대가 자신보다 나이가 많고 적음이 문제되지 않고, 설사 사람이 아닌 미물에게도 배울 것이 있음을 깨닫게 하는 일화입니다.

냉정한 눈으로 보고, 냉정한 귀로 듣고,
냉정한 마음으로 생각하라.

윈스턴 처칠 1874~1965, 영국의 정치가 · 문학가

육군사관학교를 졸업한 군인 출신으로, 뛰어난 지도력을 인정받으며 수상이 되었고, 제2차 세계대전에서 연합군을 승리로 이끄는데 큰 역할을 했습니다. 저서 〈제2차 세계대전〉으로 노벨문학상을 수상했습니다.

원칙

지혜로운 몸가짐, 마음가짐

11 사람은 습관을 만들고 습관은 사람을 만든다

아빤 지금껏 10대가 가져야 할 외형적인 조건들에 대해 얘기했다.

아무리 좋은 말이라도, 융통성이 없거나 획일적인 사고방식을 가진 인물은 그것을 받아들이지 못하지.

사람들은 보통 자신의 게으름을 깨닫지 못한다. 따라서 그 점을 지적 받는다 해도 오히려 그것이 오해라고 변명하는 것이다. 그런 행동은 본인이 원하지 않거나 익숙지 않은 일을 할 때 더욱 심해지는데, 성실한 사람이라면 그러한 상황에서도 어떻게든 충실하게 이행하려 노력할 것이다.

요즘 젊은이들이 잘못된 습관이나 버릇을 고치려는 노력을 하지 않는 것은 그 부모들이 예의범절 교육을 소홀히 했기 때문이다. 자녀에게 학습을 받을 수 있는 환경은 만들어 주지만, 예절이나 인성 교육에 있어서는 '다른 집 아이들과 마찬가지로 잘해 나가고 있겠지' 라고 자기 편의대로 생각하고 마는 것이다.

　하지만 부모라면 자식의 인성 교육을 철저히 책임져야 한다. 젊은이들의 잘못은 그들 부모가 아니면 확실히 지적해 줄 사람이 없다.

　어린 시절의 저속한 장난을 성인이 되어서도 멈추지 않는다면 그는 과연 주위 사람들과 잘 어울릴 수 있을까. 자기만 알고, 자기만 생각하는 이기주의적 태도, 편협한 사고방식, 안하무인격 성격을 가진 자식을 부모가 바로 잡아주지 않는다면 과연 누가 대신할 것인가.

　그런데도 '고슴도치도 제 자식은 예쁘다' 는 말이 있듯 부모들은 그런 모습을 간과하기 일쑤다. 제 자식에게 나쁜 버릇이 있다고 생각하지 못하고, 자녀들 또한 자신의 태도가 왜 나쁜 것인지조차 알지 못한다. 하지만 본인이 의식하든 그렇지 않든 나쁜 습관은 앞으로 그가 나아가는 길에 심각한 장애가 될 것이며, 종국에 자신을 그릇된 길로 이끌어가는 원인 제공을 할 수도 있다.

　그러면 어린 시절 몸에 밴 나쁜 태도를 어떻게 고쳐야 할 것인가. 앞에서도 이야기 했지만, 자식의 태도에 대해 이러쿵저러쿵 할 수 있는 사람은 부모뿐이고 그 중에서도 아버지의 말이 더 효과가 크다.

그것은 어른이 되어서도 마찬가지이며, 아무리 자기를 잘 아는 친한 친구일지언정 아버지가 겪어 왔던 경험과 같은 것을 가지고 있을 수는 없다. 더구나 아버지처럼 넉넉한 가슴은 친구에게서는 도저히 찾아볼 수 없다.

　　만일 혼자서 잘못된 습관을 고쳐 보려는 마음을 먹었다면, 최고의 방법은 스스로를 제어하는 프로그램을 만들어 실천하는 것이다. 매일 최소한 10분 정도는 자신을 뒤돌아볼 수 있는 시간을 가지고, 그날의 일들을 조목조목 정리하는 습관을 들이는 것이 좋다. 그리고 계획대로 하지 못했다면 왜 실행하지 못했을까 반성하고, 개선하기 위해 더욱 노력하는 열린 마음을 가지면 좋겠다. 이런 것들은 자신을 채찍질하려는 의도보다, 객관적으로 보는 기준을 세우는 것이니 네가 꼭 실천해 보면 좋겠구나.

　　작은 노력으로 나쁜 습관을 고칠 수 있다면 우리가 인생에서 얻을 수 있는 것은 참으로 많다. 반면 게으름과 변명, 불평하는 태도를 고치지 않고 인생을 성공적으로 가꾸어 나간 사람은 한 사람도 없다는 걸 꼭 기억하기 바란다.

나의 생각

이런 습관, 꼭 고치자!

1. 말이 어눌해 사람들 앞에서 주눅 드는 습관.

2. 다른 사람의 질문을 가려 맘에 드는 것에만 대답하는 습관.

3. 건전하고 발전적인 여가 시간을 가로막는 인터넷 중독.

겨우 5분이라고?

생각이 말이 되고 말은 행동이 됩니다. 어릴 적 좋은 습관은 커서는 훌륭한 품성이 된답니다.

웨슬리 웰링턴 1769~1852, 영국의 장군·수상

나폴레옹의 군대가 승리를 거듭했기 때문에 유럽의 다른 군대는 사기가 떨어져 있던 시기였어요. 영국의 장군 웰링턴은,

한껏 들뜬 프랑스의 군대를 꺾는 것은 성실한 훈련을 거듭한 우리 영국군만이 할 수 있는 일이다.

그에 대한 부하들의 신뢰는 엄청났어요. 늘 완벽한 옷 차림에 자기관리가 엄격했거든요.

역시 장군님!

멋쟁이셔!

그런 어느 날, 그는 고위 관리와 만나기로 약속을 했습니다.

음… 정각에 도착했으니 곧 오겠지?

하하~ 안녕하시오, 장군!

근데 당신 표정이 왜 그렇소?

5분이나 늦었잖소. 사과하시오.

…예, 좀 늦었습니다. 그렇지만 겨우 5분 늦었군요. 죄송합니다.

깐깐한 녀석…

겨우 5분이라고? 5분이면, 충분히 이길 수 있는 전쟁에서 질 수도 있소.

당신이 5분 늦었기 때문에 우리 군대가 패배하게 되었다면 어떻게 할 거요? 대답해 보시오.

그 관리는 이날 일을 기억하고 후에 만날 일이 있을 때, 이번에는 5분 일찍 나왔다고 합니다.

하하~ 어떻습니까? 이번에는 제가 5분 먼저 왔는데요.

쯧쯧… 당신은 도대체 시간의 가치라는 것을 모르는 사람이군. 나는 바로 정각에 왔단 말이요. 당신은 제 시간에 올 사람을 미리 와서 기다리느라 또 5분을 낭비하지 않았소? 한심한 사람 같으니라고….

약속 시간을 지키는 것은 예절 중의 예절이지요. 이것을 지킨다는 것은 서로 상대방의 시간을 낭비시키지 않기 위한 배려인 것입니다.

12 거짓말은 더 큰
거짓말을 부른다

네가 생각하는 '너'는 어떤 사람이니?

평소 내가 생각하는 나의 이미지와 남들이 보는 내 모습은 같지 않은 경우가 많다. 남 또한 알고 보면 내가 생각하고 상상하는 사람이 아닐 수 있지.

아무리 큰 문제라도 내가 생각하는 것처럼 남들이 생각할 거라고 기대하면 그건 착각이다. 사실 착각이나 환상 없이는 누군가를 좋아하거나 싫어하는 것 또한 불가능할지도 모르지.

자기의 믿음이나 착각이 깨어지면 상대에게 배신감을 느끼고 원망하게 된다는 것을 알기 때문에 사람들은 거짓말을 하는지도 몰라.

하지만 그것 때문에 분별력이 흐려져서 사리 판단을 못하는 사람은 불쌍한 사람이다. 사람을 믿었다는 것만으로 비웃음을 사거나 책망 받아야 하는 건 아니란다.

인간은 누구나 자기 자신이 옳다고 생각하는 일을 하며 살아가게 되니까.

미국의 16대 대통령 에이브러햄 링컨은 "사람은 속일 수 있어도 결코 하나님은 속일 수 없다"고 말했다. 거짓말을 하면 당장에는 이익을 얻는 것 같지만, 결국 신께서 심판하신다.

그럼에도 많은 사람들이 고의로 거짓말을 하지. 과연 그런 거짓말이 인생에 도움이 될까?

러시아의 작가 톨스토이는 "거짓말은 문제를 더 크게 만들고 인생을 망치게 한다"고 했지. 그만큼 거짓말은 그 자체로 나쁜 것이고 비열하며 어리석은 일이란다.

사람들은 흔히 남에게 잘 보이고 싶어서, 적대감을 느끼기 때문에, 비겁하게 상황을 모면하려고 거짓말을 하게 된단다. 하지만 어떻게 해도 거짓말로 완전히 위기를 모면하지는 못한다는 것을 알아야 해. 아무리 감쪽같이 숨겼다 싶어도 거짓은 얼마 지나지 않아 밝혀지게 되니까 말이야.

예를 들어 누군가의 행운이나 인기를

시기해서 그를 폄하하는 거짓말을 했다고 치자. 아마도 처음 얼마간은 상대에게 상처를 입힐 수 있겠지. 하지만 결국 거짓임이 드러났을 때 가장 고통 받는 것은 자기 자신이 된다. 더구나 한번 그런 일이 있은 후엔 다음에 아무리 진실을 말해도 거짓말과 중상모략으로 치부되어 버리게 되지. 인생에서 신뢰를 잃는 것보다 더 큰 손해는 없단다.

한순간의 실수로 잘못을 저질렀을 때에는 숨기려 하기보다는 정직하게 인정하고 용서를 구하는 것이 올바른 태도이다. 이것은 인간이 지녀야 할 기본적인 의무이며 스스로에게도 이익이 되는 일이란다.

어리석은 인간일수록 당장의 위기를 모면하려고 거짓말을 하고, 그로 인해 불안한 인생을 살고 있다. 거짓말을 하는 사람의 불안한 눈빛 속에는 세상에서 가장 어둡고 무거운 그림자가 드리워져 있단다.

나의 생각

거짓말 하지 않는 사람은…

1. 긍정적으로 세상을 본다
동전의 양면이 있다는 사실을 알고 있다.

2. 상대의 입장에서 생각한다.
불필요한 논쟁에 휘말리지 않는다.

3. 정직한 원칙과 기준을 가지고 살아간다.

성실을 잃었거든 되찾으라

청년이 다짐해야 할 두가지 과제가 있다. 첫째, 속이지 말자. 둘째, 놀지 말자.
청년은 스스로 생각할 때 바른 답을 얻을 수 있다.

도산島山 안창호 1878~1938, 우리나라 근대 민족운동의 지도자·사상가

도산 선생은 평안남도에서 농사를 짓는 가난한 선비의 셋째 아들로 태어났어요.

조선을 내놓으라니까!

안 돼! 조선은 우리 중국의 것이야!

저걸 가만히 보고 있어야만 하다니….

선생은 6세 때 청일전쟁을 겪으며 힘없는 조선의 설움을 뼈저리게 실감했지요.

우리가 세운 목적이 그른 것이라면

실패할 것이고, 옳은 것이라면 반드시 성공할 겁니다.

그래서 19세가 되자마자 독립협회에 가입했고, 웅변가로도 대활약을 했어요.

24세에는 본격적으로 학문을 쌓고자 미국으로 갔으나, 역시 국권 회복에 심혈을 기울였고, 미국에서 공립협회를 조직하여 조선의 독립에 힘을 실었어요.

국민들이여! 매일 5분씩이라도 나라를 생각해 본 일이 있는가?

도산 선생의 절실한 마음이 전해지니? 지금의 세대로선 이해하기 힘들지도 몰라. 성적을 위한 공부가 아닌, 행동하기 위한 지식이 필요한 때였으니까.

춘원 이광수는 상해에서 안창호와 보낸 2년을 이렇게 회고했어요.

그가 나랏일로 우는 것은 보았지만 노하는 것은 한 번도 못 봤다.

우리 가운데 인물이 없는 것은, 인물이 되려고 마음먹고 힘쓰는 사람이 없기 때문이다. 인물이 없다고 한탄하는 그 자신이 어찌 인물 될 공부를 하지 않는가.

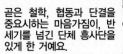

곧은 철학, 협동과 단결을 중요시하는 마음가짐이, 반세기를 넘긴 단체 흥사단을 있게 한 거예요.

선생의 삶은 오로지 나라와 겨레를 위한 것이었어. 60 평생의 전반은 나라를 지키기 위해서, 후반은 나라를 되찾기 위해서 투쟁하셨어요.

선생님, 김밥이라도 드세요!

난 아직 힘이 있으니, 먹을 것이 있다면 나 말고 다른 동지들에게 나누어 주게!

안창호, 당신은 조선의 독립이 가능하다고 생각하는가? 당신은 일본의 힘을 모르는가?

나는 일본의 무력을 잘 안다. 그러나 일본은 무력만큼의 도덕을 가져야 한다.

그게 무슨 뜻인가?

일본은 조선을 유린하여 2천만 조선인에게 원한을 품게 해선 안 된다. 그들을 친구로 만드는 것, 그것이 일본이 좋은 나라가 되는 길이다.

진리는 반드시 따르는 자가 있으며, 정의는 반드시 승리하는 날이 있다.

말과 행동에 거짓이 없어야 한다. 그것이 일본이 바로 서는 길이다.

해방 때 안창호 선생이 살아 계셨다면 우리나라의 현재는 어땠을까? 아마도 지금보다 더 좋은 세상이 되지 않았을까?

도산은 우리나라 근현대사의 인물들 가운데 가장 성실한 자세와 정직한 마음씨를 가진, 참으로 인격적인 지도자였습니다. '성실을 잃었거든 회복하라' 는 가르침이 그래서 더욱 마음에 와 닿는 거지요.

믿음을 나누고 서로를 존중하는 좋은 친구는
성공을 빛내 주고 불행을 줄여 준다.

키케로 BC106~43, 고대 로마의 작가·정치가

〈의무론〉〈우정에 관하여〉 등의 책을 썼습니다. 그리스의 문화를
로마에 도입하여 꽃피우는 데 큰 역할을 하고, 그리스어를 번역해
새로운 라틴어를 만든 것은 서양 문학사에서 매우 큰 업적으로 평
가받고 있습니다.

우정

그 사람을 모르겠거든
그의 친구를 보라

13 우정에도 지혜는 필요하다

아빠는 네가 학교에 다니면서 학업에 큰 성과를 이루기를 바라지만, 한편으로는 지금까지 쌓아온 너의 모든 것을 작은 실수로 망치게 되지 않을지도 걱정하고 있단다. 학교나 회사는 하나의 작은 사회라서 그 안에서 흔히 다른 사람에 대한 평가를 내리기 때문이다.

일부 학생은 서로 어울려서 난폭하고 무례한 짓을 일삼으며 자신들의 그룹에 다른 친구들을 끼워 들이려고 압력을 가한다. 그리고 그것이 잘 안 될 때 상대방을 조롱하고 폭력을 행사하기도 한다.

나는 너희들 나이 때에는 폭력보다 조롱이 더 견디기 힘든 것이라는 것을 알고 있다. 그래서 괜히 그런 분위기에 휩쓸려서는 안 된다는 것을 말해 주고 싶은 것이다.

젊은 사람들은 부탁을 받으면 쉽게 거절하지 못하지. 그것은 싫다고 말할 때 자기 체면이 깎이는 것 같은 생각이 들고 상대방에게 미안한 기분에 사로잡히기 때문이다.

그런 생각이 꼭 나쁜 것만은 아니다. 하지만 상대방의 기분을 맞춰 주고 기쁘게 해 주려는 의도는 상대방이 좋은 사람일 땐 좋은 결과를 낳겠지만, 그렇지 않은 경우라면 본의 아니게 질질 끌려가게 되는 결과를 낳는다.

그런 어이없는 일에 휘말리게 된다면, 인생에서 얼마간의 소중한 시기를 허비하게 된단다. 만일 그런 때에는 뒤에라도 그것을 정확하게 판단하여 자신의 실수를 인정하고 한발 물러서는 것이 현명한 방법이다.

학교라는 곳은 다양한 사람이 같은 목적을 가지고 모여 있는 곳이라서 그 속의 구성원 모두와 친해지고 친구가 될 수 있다는 것은 지나친 생각이다. 또한 그것은 모든 학생들을 속속들이 알 수 있다는 당치도 않은 자만심이며, 참다운 우정이란 그렇게 간단히 손에 넣을 수 있는 것이 아니라는 것을 이해하지 못한 데서 오는 행동이다.

우정이란 것은 오랜 시간

을 두고 서로를 알고 이해한 다음에야 싹이 트고 자라는 나무와도 같다.

그런데 흔히 학교에서는 급하게 자라난 나무처럼, 이름뿐인 우정을 우정이라 믿는 아이들도 있는 모양이더구나.

우연히 알게 된 몇몇 '노는' 부류들과 어울리며 무분별한 행위를 하고 쾌락을 좇는 데만 몰두하여 삶을 망치는 경우가 적지 않다고 들었다. 부모의 간섭에서 벗어난다면서 집을 뛰쳐나오고, 어른을 흉내 내어 술과 도박, 부도덕한 이성 관계를 맺으며 우정을 말하다니, 이 얼마나 한심하냐.

그런데 만일, 부도덕하거나 폭력적인 친구가 우정을 빌미로 너에게 접근한다면 어떻게 해야 하겠니? 피하고 싶다고 해서 필요 이상으로 그를 쌀쌀맞게 대한다면 그는 즉시 너의 적으로 돌아설 것이다. 그럴 경우엔 적도 친구도 아닌 중간적인 입장을 취하라고 말해 주고 싶다.

질풍노도의 시기에 세상을 삐딱한 시선으로 보고 있는 그들이 적의를 품게 되면 위험하다. 그들과 친구가 되어서도 안 되겠지만 하릴없이 비방과 폭력을 일삼는 이들을 적으로 만드는 것 또한 위험천만한 일이다.

세상의 이치를 알고 현명하게 대처하는 사람은 드물단다. 대개는 하찮은 것에 마음을 빼앗기고 입을 굳게 닫아 버리거나, 반대로 자기가 알고 있는 것과 생각하고 있는 것을 곧이곧대로 남김없이 털어놓아 적을 만들게 되니 말이다.

나의 생각

좋은 친구가 되려면

1. 감정을 앞세우지 않는다.
자신을 억제하여 결점을 줄임으로써 다른 사람들과 불화하지 않는다.

2. 상황을 지레짐작하여 말하지 않는다.
고의적인 것이 아니더라도 지레짐작은 상대편을 화나게 할 수가 있다.

3. 자연스럽게 칭찬을 해 주어라.
인사치레로 하는 칭찬이라도 상대방은 즐거워하게 된다.

4. 친한 사람들에게 잘못을 지적해 달라고 부탁해라.
지적을 받았을 때 진심으로 "고마워!"라고 말하는 것에서 우정이 시작된다.

나이를 뛰어넘은 우정

"시가 사람을 그르치기는 힘들다. 다만 사람이 제 스스로 그릇된 길로 가더라 정과 흥이 오가는 곳에서도 나, 율곡은 사심을 억누르려 노력할 것이다."

율곡 이이 栗谷 李珥 1536~1584, 조선 중기의 문신

신사임당이 조선 시대 최고의 어머니로 존경을 받는 이유 중 하나는 아들인 이이를 최고의 학자로 키웠기 때문입니다.

이이는 어린 시절부터 얼마나 총명했던지 세 살 때 이미 글을 깨우쳐 어머니의 글과 그림을 흉내 냈고, 네 살 땐 중국의 역사책인 〈사략〉을 읽고 해석해 낼 정도였어요.

13세에는 과거시험에 장원급제를 했고, 15세에는 이제 다른 사람들에게 더 배울 것 없이 박식하다 했으나

허허! 그놈 참, 제자이지만 무섭도다!

16세에 어머니, 신사임당의 상을 당하고 나서는 깊은 슬픔에 젖어 산천을 떠돌며 인생에 대해서 생각했대요.

어머니…

그리고 23세, 퇴계 이황과의 운명적인 만남이 이루어지게 됩니다.

퇴계 선생의 높은 명성을 듣고 새로운 앎을 얻고자 찾아왔습니다.

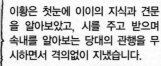

이황은 첫눈에 이이의 지식과 견문을 알아보았고, 시를 주고 받으며 속내를 알아보는 당대의 관행을 무시하면서 격의없이 지냈습니다.

학자로 대성하는 데 율곡의 넘치는 영민함이 오히려 장애가 되지 않을까 두렵구나! 나라를 위해서도 부디 건재해야 하는 인재이건만….

이황 선생의 인격은 청아한 매화의 향기와 같아 사람을 취하게 하니, 정신적 지기라 불러도 손색이 없으리라 봅니다.

35살의 나이 차이를 넘어선 두 사람의 학문적 교유는 깊은 것이었어요. 두 사람은 서로를 발전시키며 성리학의 양대 봉우리로 후대에 남았습니다.

무원의 못에 적셔 내어, 공자의 도를 본받아 널리 베풂이여! 용은 동천으로 돌아갔지만 구름은 먹에 뿌려 학문만이 이곳에 남아 있구나.

율곡 선생이 죽은 뒤, 그가 쓰던 벼루의 바닥이 닳은 것을 보고 정조는 벼루 뒤에 이런 문구를 새겼습니다.

글공부보다도, 몸가짐이 바르고 행실을 삼가해야만 훌륭한 사람이 되는 것이에요.

좋은 친구를 두고 거울처럼 비춰 보세요. 자신의 또 다른 모습일 테니까!

마음이 통하는 벗을 만나다

말을 안 해도 내 기분을 알아 차리고 내 뜻에 공감하는 사람, 그런 사람에게 마음을 전하세요, 소중하게 아껴 주세요.

우암 송시열 1607~1689
조선의 문신. 주자학의 대가이며 〈송자대전〉〈우암집〉 등의 책이 있습니다.

송시열 선생님은 어릴 때부터 모든 면에서 뛰어났지만 과격한 성품이 있었다고 전해집니다.

책을 읽는데 감히 짖다니~.

그의 비범함은 태몽에서도 알 수 있는데,

이 아이를 그대에게 맡기니 잘 기르도록 하라.

오오, 공자님이!

선생의 탁월한 학식을 나라가 혼란스러운 시대에 적절하게 사용하지 못해서 정치적으로 적이 많았어요.

너 직위를 그만두라 해!

저 녀석이 책에 청나라의 연호를 쓰지 않았어요.

에?

장원급제 이후로 우찬성과 우의정, 좌의정과 중추부영사 등의 벼슬을 지냈으나 동료들과의 불화로 사직하고, 재임용되기를 반복했어요.

그러던 어느 날 그가 한강을 건널 때였습니다.

어~ 취한다~ 가마 안이 궁금한데, 어디 얼굴 좀 보자꾸나?

꺄악! 왜 이러시오!

대낮부터 술에 취한 중이 행패를 부리고 있었습니다.

어떻게 좀 해 봐요!!

내가 어떡한단 말이오! 저 중의 얼굴 좀 보시오.

어이, 저기 있는 물오리 한 번 맞춰 보지 않겠소?

아, 그러지요.

어... 어??!!

이심전심 송시열과 젊은이의 마음이 통했던 겁니다.

살려줘!! 으악!

난 송시열 이라 하오.

제 이름은…

이 젊은이는 다름아닌 후일의 훈련 대장 이완(李浣)으로, 평생을 거쳐 송시열과 막역한 사이가 됩니다.

뜻이 통했기 때문에 더욱 두터운 친분을 쌓을 수 있었던 거예요. 마음이 통하는 친구란, 그리 쉽게 만나게 되는 것이 아닙니다. 주변 사람들을 소중하게 아껴 주세요.

14 친구를 가려
사귀어야 하는 까닭

누구나 자신보다 뛰어난 사람들과 교제를 맺고 싶어 한다.

영국의 작가 골드 스미스는 "우정이란 평등한 사람들 간의 사리 없는 상거래이다"라고 말했다. 하지만 예절을 모르는 수준 낮은 사람들과 격의 없이 지내는 것을 우정이라 부르지는 않는단다. '훌륭한 사람'이라는 것은 꼭 집안이 좋다든가 지위가 높은 사람만을 뜻하는 것이 아니다.

아빠가 생각하는 '훌륭한 사람'이란 사회에서 활발한 활동을 펼치는 다재다능한 사람들과, 특정 분야의 학문이나 예술에 뛰어난 사람들 즉, 한 분야에서 걸출한 사람들을 말하는 것이다.

열심히 학문을 익히고 실력을 쌓는다면 너도 언젠가 그들과 동등하게 어울리게 될 것이며, 그들 그룹의 가입 권유를 받을 수도 있을 것이다. 좋은 모임에서 다양한

인격의 사람들을 만나는 것은 즐겁고 유익한 일이기 때문에 그런 모임에 참여하는 것은 중요하단다.

하지만 단지 신분이 높은 사람들만의 모임은 경계할 필요가 있단다. 막상 어울려 보면 그들은 높은 신분에 비해 머리가 텅 비었거나 예의 없는 인물들인 경우가 많기 때문이다.

학식만 풍부한 사람들이 모인 그룹도 마찬가지다. 오직 학문만 아는 사람들은 조금 더 친해지든 소원해지든, 상황에 적응하지 못하고 서로를 할퀴게 될 수가 있으니 더욱 더 조심해야 한다.

만일 그러한 그룹에 가입하게 된다면 이따금 얼굴을 내밀면서 교제를 유지해 나가렴. 그렇게 하면 그 안에서 너의 위치가 올라가면 올라갔지 내려가는 일은 없을 것이다. 그러나 결코 그곳에 완전히 빠져 들지는 말아야 한다. 세상 물정을 모르는 사람들과 어울린다고 또 다른 친교의 기회를 잃게 될 수도 있으니.

요즘 대다수의 젊은이들은 유머 감각이 뛰어나고 재치 있는 이를 좋아하더구나. 물론 그 사람의 곁에서 여러 사람을 만나고 어울리는 것은 즐거운 일이겠지만, 그럴 경우에도 완전히 빠져들어 자신을 잃지는 않아야 한단다.

한편, 무슨 일이 있어도 피해야 할 것은 수준 낮은 사람들과 교제하는 일이다. 덕이 모자라고, 지적 수준이 낮고, 사회적 지위도 낮은 사람들은 종종 듣기 좋은 소리로 나의 결점까지도 칭찬한다. 왜 그런지 이유는 네가 직접 생각해 보도록 하여라. 그러한 사람들과는 절대로 가까이하지 말아야 할 것이다. 분별 있는 사람이라면 결코 그런 값싼 우정을 지키는 데 시간을 낭비하지 않을 것이다.

그런 경우 가장 문제가 되는 것은 허영심이다. 허영심 때문에 인간은 악한 일, 어리석은 행동들을 거듭하게 된단다. 그리고 바로 그런 허영심이 자기보다 수준 낮은 사람들과도 교제하게 만드는 것이란다. 다만 네가 오해해서는 안 될 것은, 비록 학력이나 사회적인 지위는 낮더라도 인품이 훌륭한 사람들도 많다는 사실이다. 그들과는 서로 존중하며 교유한다면 삶에 대해 배우는 바가 적지 않을 것이다. 다만 지적 수준이 모자라면서 덕이 없고, 잔꾀 부리기를 일삼는 이들을 경계하라는 뜻이다.

사람은 누구나 어떤 모임에서 첫째가 되기를 바라는 마음이 있단다. 동료들로부터 존경받고 싶고, 칭찬받고 싶고, 그들을 마음대로 조종하고 싶어 하지. 바로 그런 유치한 욕망 때문에 수준 낮은 사람들과 교제하는 것이다.

그 결과는 어떨까? 그렇다. 머지않아 자신도 그 사람들과 똑같은 수준이 되어 훌륭한 사람들과 사귀려고 해도 능력이 미치지 못하게 되고 마는 것이다.

★ 열네 살, 너의 선택이 인생을 결정한다

나의 생각

아름다운 인간관계를 맺으려면

1. 다른 사람의 말을 경청하는 습관을 기르자.

2. 예의를 갖춰 상대방을 존중하고 배려하면 결국 자신에게 되돌아온다.

3. 비난, 비판, 비평의 3 '비'를 가급적 금지하도록 하자.

4. 상대방의 필요를 채워 주자. 마음을 얻으려면 조건 없는 정성이 필요하다.

처음과 끝을 함께하는 인생의 벗

기쁨만이 아니라 고통의 순간도 함께 하는 벗, 그런 벗을 우리는 인생의 동반자라고 부릅니다.

마리 퀴리 1867~1934, 프랑스의 과학자
최초의 여성 노벨상 수상자이며, 최초로 두 개의 노벨상을 수상한 과학자입니다.

마리는 1891년에 물리학을 공부하기 위해 폴란드에서 파리로 향합니다.

조국이여, 꿈을 이룰때까지 안녕!

하지만 그녀는 실험실에서 피에르 퀴리라는 물리학자를 만나게 되면서 그에게 끌리게 됩니다.

저… 우리 왠지 마음이 잘 맞는 것 같지 않아요?

두 사람이 결혼하여 마련한 실험실은 춥고 눅눅했으며 장비도 변변치 않았어요.

정말 이 정도라도 괜찮겠소?

아! 이런 특이한 성질의 물체가 있다니!

하지만 박사학위 연구를 시작한 지 몇 주만에 마리는 우라늄에서 '방사능'을 찾아내게 됩니다.

이후 '플로늄'과 '라듐'을 발견해 내지만 다른 과학자들은 그 가치를 이해하지 못했어요.

뭔 소린지 전혀 모르겠는데?

라듐? 그게 뭐야?

퀴리 부인, 미안하지만 당신의 연구는 실패인 듯하오. 우리는 인정할 수가 없구려.

마리는 절망했지만, 남편인 피에르는 항상 그녀의 편이 되어 주었어요.

함께 있으니, 실험을 계속해 나갈 수 있잖소.

흑! 내 연구가 ….

울지 말아요. 힘든 상황이지만, 그래도 희망을 가집시다.

언젠가 좋은 연구소를 가지고, 연구도 인정받는 날이 올 거요.

네, 그래요.

새 원소의 존재는 비교적 빨리 확인되었으나, 학자들을 설득시키기 위해 몇 통의 원료에서 물질을 분리해 내야 했어요.

사실, 피에르는 압전기를 발명한 뛰어난 연구가였어요. 하지만 그는 이 미지의 물질에 크게 흥미를 느끼고, 자신의 연구를 미루면서까지 마리의 연구에 합류하게 됩니다.

후일 마리는 여성이라는 이유로 노벨상 수상조차 불투명했는데, 그때 피에르는 수많은 탄원서를 보냈다고 해요.

그냥 남편께서 받으시지요.

안 됩니다! 이 실험은 모두 아내가 해냈어요. 상은 마땅히 아내가 받아야 하오!

남편이 곁에 있다는 사실이 가난의 고통을 잊을 만큼 내게는 가장 중요하고 행복한 일이었어요.
– 마리 퀴리

그들은 힘든 환경에서도 사랑의 힘으로 획기적인 연구 성과를 이끌어 낼 수 있었습니다. 시작과 끝을 함께 하는 것, 그것이 진정한 '동반자'의 모습이 아닐까요.

누군가 몰래 나에 관한 얘기를 수군거리는 것을
알게 되면 그것이 비록 사실 그대로를 말했다고
하더라도 더 이상 우호적인 관계는 유지되지 않는다.

파스칼 1623~1662, 프랑스의 물리학자

근대 확률이론을 창시했고, '파스칼의 원리' 라 불리는 압력에 관
한 이론을 체계화했습니다. 신의 존재는 이성이 아니라 심성을 통
해 체험할 수 있다는, 사물을 있는 그대로 판단하는 그의 이론은
실존철학자들에게 큰 영향을 끼쳤습니다.

처세

어디서나 나를 대접받게 하라

15 말솜씨보다 중요한 건
말하는 태도

과거에는 말 잘하는 사람들을 변변하게 보지 않았단다. 본디 말이란 것은 아무리 잘한다 한들 "저 사람 말 하나는 잘하네"라는 소리를 들으면 다행이요, 그 사람에 대한 인상이 나쁠 경우 "그 사람 말만 번지르르하군" 하고 매도해 버리기 일쑤다.

예전 사람들은 말을 잘한다는 것에 부정의 뜻을 담았고, 고대에는 '이치에 닿지 않아도 말로써 그럴듯하게 둘러댄다'는 뜻으로 '궤변론자(Sophist)'라고까지 불렀단다.

하지만 한번 곰곰이 생각해 보자. 살면서 말을 통하지 않고는 어떤 일도 제대로 이룰 수가 없단다.

'구슬이 서 말이라도 꿰어야 보배'라고 했다. 현대사회는 자신의 견해와 주장을

잘 표현하고 실천하는 사람을 필요로 하는 시대이고,

때로는 모수자천(毛遂自薦, 자기

가 자신을 추천함)의 무모함도

통용되는 시대이기 때문이다.

　중세 유럽의 대학에서 교육받은 사

람이면 누구나 숙달해야 하는 기본 교양과

목이 '설득'이었으며, 그것이 현대에 와서는 광고라는 형태

로 소비자들에게 상품 구매를 부추기는 데 사용되고 있다.

　실제로 다른 사람을 설득하려면 어떤 과정을 거쳐야 할까?

　첫번째는 '관심'이다. 상대에게 예의 바른 행동으로 호감

을 주어 네 의견을 듣고자 하는 반응을 이끌어 내야 하는 것이다.

　그럼 두 번째는 무엇일까? 자신의 생각을 듣는 사람의 입장에서 전달할 수 있어야

한다. 자기 얘기를 줄줄이 늘어놓기만 할 게 아니라 상대방이 이해할 수 있게 하는

데 중점을 두어야 하는 것이다.

　또 질문의 형태로 말을 던짐으로써 듣는 사람이 좀 더 집중할 수 있게 만들 수도

있다. 말로써 의사소통을 할 때 질문을 던지고 답변을 듣는 방식이 가장 쉽고 효과적

인 대화의 기술이기 때문이다.

　반면에 상대방에게 대화의 주도권을 빼앗기지 않으면서 이야기를 해야 할 때 중

세의 교사들은 늘 '누가(quim), 무엇을(quid,), 언제(quadro)' 와 같은 문제를 제기

하도록 했단다. 뉴스의 전달자들은 지금도 누가, 무엇을, 언제, 어디서, 왜, 어떻게

했는가 하는 '6하 원칙' 에 입각한 방식으로 내용을 전달하도록 훈련받고 있다. 어떠한 문제이든, 상황 전달이 앞서지 않고서는 매끄러운 논리를 펼칠 수 없기 때문이다.

요즘은 이른바 자기 PR의 시대가 아니더냐. 자기 경영, 자기 계발이라는 말이 상용 되고 있는 시대이니 어떤 분야의 전문가건 말하는 능력, 글 잘 쓰는 능력을 지니지 않고는 성공하기 힘들 것이다.

말을 할 때, 전달하고자 하는 이야기를 논리 정연하게 이야기 하는 것만으로는 충분하지 않겠지. 말하는 사람의 분위기, 몸짓, 표정, 품위, 목소리, 억양 등 지엽적인 부분이 때론 상대에게 큰 호감을 주는 매력적인 요소가 되기도 한단다.

더욱이 지금 네가 살고 있는 시대는 짧은 시간에 내용을 집약적으로 전달하는 브리핑이나 프레젠테이션 능력이 아주 중요시되고 있단다. 경쟁이란 것은 비슷한 처지의 사람들끼리 펼치게 되는 것이기 때문에 어쩌면 이런 조그마한 표현(기술)의 차이가 일의 성패를 좌우할 수도 있는 것이다.

그러나 아빠가 다시 한 번 강조하고픈 말은 아무리 말이 중요해도 '말뿐인 사람'이 되지 말고 자기가 한 말에 책임을 질 수 있는 사람이 되라는 것이다.

나의 생각

나는야~ 설득의 달인^^

1. 상대방을 자극시키는 논쟁이나 잘못을 들추는 주제는 피할 것.

2. 자신의 잘못이 있다면 솔직하게 인정하고 최대한 부드러운 태도로 말할 것.

3. 긍정을 이끌어 낼 수 있는 보편적인 주제로 대화를 시작할 것.

4. 상대방에게 말할 수 있는 기회, 생각할 시간을 충분히 줄 것.

묻고 답하는 데도 수준이 있다

자신의 무지를 깨닫는 지점에서 지혜는 시작됩니다. 예의 있는 문답을 통해서 지혜를 찾았던 아리스토텔레스의 방법을 따라해 보세요.

아리스토텔레스 BC 384~322, 고대 그리스의 철학자

로마가 인류역사상 최초로 법(法)의 기틀을 마련한 나라라고 한다면

주사위는 던져졌다!

그리스는 철학의 기초를 다진 나라라고 볼 수 있습니다.

서양 철학을 공부하다 보면 철학의 정점에 서 있는 세 개의 별, 소크라테스와 플라톤, 아리스토텔레스를 만날 수 있어요.

아리스토텔레스는 BC 384년 그리스의 식민지인 크라키애(지금의 그리스 북부 지방)에서 태어났다고 합니다.

이오니아 인으로서 이오니아의 철학적 전통과 생활 방식을 고수하는 가정에서 성장했다고 해요.

17세가 되던 해에 아테네로 가서 플라톤의 아카데미에 들어갔고 그로부터 '학원의 정신'이라는 극찬을 받게 됩니다

바로 저런 자세로 학문에 임해야 하는 것이다.

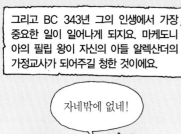

그리고 BC 343년 그의 인생에서 가장 중요한 일이 일어나게 되지요. 마케도니아의 필립 왕이 자신의 아들 알렉산더의 가정교사가 되어주길 청한 것이에요.

자네밖에 없네!

그리스 전역의 통일을 꿈꾸던 필립 왕은 페르시아 원정을 계획하던 중 암살당하고 알렉산더가 왕위를 계승하게 됩니다.

왕의 선견지명이란 대단하지요. 아리스토텔레스가 역사적으로도 중요한 인물이 되었으니까요.

알렉산더 대왕은 학원을 만들어서 아리스토텔레스가 자신의 이상을 실현하도록 도왔어요.

제자여! 인간이라면 이성이 인도하는 윤리적 동기인 이상을 따라야 하지 않겠나?

전 인간의 경험 안에서 지혜를 찾아야 하지 않을까 합니다.

주어진 것에서부터 시작해야 근원까지 거슬러 올라갈 수 있지 않을까요?

덕은 모두가 알고 있는것, 다만 얻기 위해서 끊임없이 노력해야 하는 것이란다!

그럼, 살아 가면서 갖춰야 할 덕이란 어떤 것일까요?

누구나 화낼 줄은 안다. 그러나 꼭 화를 내야 할 올바른 대상에게, 올바른 정도껏, 올바른 때에, 올바른 방법으로 화를 내는 것은 쉬운 일이 아니다. - 아리스토텔레스

지혜를 구하기에 앞서 올바른 방법을 갖췄던 신중함이, 선생님의 철학을 지금도 공부하는 이유예요!

16 말 한 마디, 글 한 줄이
나를 보여준다

뛰어난 화술을 익히고 싶다면 어떻게 하면 좋을까?

먼저 그런 사람이 되고 싶다는 목표를 마음에 새겨 두고, 그것을 이루기 위해서 책을 읽거나 문장 연습을 해야겠지.

우선 자신에게 다짐해 보겠니?

'능력 있는 인재가 되고 싶다면, 언변이 뛰어나지 않으면 안 된다. 평소 말을 할 때 한 마디 한 마디 신경 써서 해 보자. 표현이 정확하고 품위가 있으면서도 경박하지 않은 화술을 몸에 익히자. 고전이나 현대 작품을 불문하고 당대의 유명한 문장가가 쓴 책을 읽어 보자. 말을 잘하기 위한 목적을 생각하며 그것을 읽자' 라고 말이다.

실제로 네가 그러한 목적을 염두에 두고 책을 읽는다면 문체나 말의 사용법에 정신을 집중하게 될 테니, 어떻게 하면 좀 더 나은 표현이 될 수 있을까, 만약 발표하기

위해 내가 글을 쓴다면 어디
를 어떻게 다르게 쓸까를
생각하면서 읽게 되겠지.

　그렇게 한다면 아무리
허물없는 대화에도 자기 스
타일을 실을 수 있고, 친한 사람
에게 보내는 편지 한 장에도 자신의 내
면을 표현해 보일 수 있단다.

　대중의 사랑을 받는 스타나 명배우들은 어떤 식으로 이야기를 하는지 살펴 본 적
이 있니?

　훌륭한 배우는 대개 명확한 발음을 지녔으며 자신만의 말투를 가지고 있단다. 또
대화를 하기 전에 어떤 화제를 꺼낼까, 한 번 정도 떠올려 보는 것도 좋겠지. 머릿속
에서 한 번 걸러지고 정리된 단어들을 사용할 수 있을 거야. 만일 그렇지 못한 경우
에는 이야기가 끝난 뒤에 좀 더 나은 방식은 없었을까 하고 생각해 보는 것만으로도
많은 도움이 될 거야.

　말이란 개념을 전달하기 위해 있는 것이다. 그러므로 개념이 잘 전달되지 않는 방
법으로 말을 하거나, 귀 기울이고 싶지 않은 말투를 쓰는 것은 어리석기 짝이 없는
일이다.

　말할 때는 입을 크게 벌리고 한 마디 한 마디 분명하게 발음하는 것이 좋다. 그리
고 듣는 사람이 강한 인상을 받을 수 있도록 하기 위해 정확하게 말하는 속도와 강조

하는 법을 생각해 보는 것도 좋다.

이러한 토론과 글쓰기는 훌륭한 논술 대비도 될 것이고 개념이 잘 전달되게 이야기하는 습관을 몸에 익힐 수 있는 방법도 될 것이다.

사람을 제압하려면 상대방을 과대평가하지 않아야 하듯, 말로써 사람들을 기쁘게 하고 싶다면 또한 청중을 과대평가하지 않아야 한다. 모든 사람이 열렬한 토론가는 아니며, 개중에는 골치 아픈 문제는 생각하기 싫어하는 사람도 있을 테니 말이다.

말을 할 때 처음부터 사람들에게 진지한 문제를 제기하기보다는 자연스럽게 너의 의견에 한 번쯤 귀를 기울이게 끌어당기는 정도로 시작했으면 좋겠구나. 너 자신을 부각시키는 정도로만 하되, 결코 논쟁적인 태도로 사람들을 불안하게 만들지 않는 것, 그것이 일상생활에서 말하기의 예의이자 정도(正道)일 것이다.

나의 생각

표현력을 높이자

1. 말은 생각한 만큼 할 수 있고, 논술은 아는 만큼 쓸 수 있다.
　말과 논술의 바탕이 되는 배경 지식의 폭을 넓히자.

2. 국어와 사회, 영어, 수리, 과학까지 논술의 중요성이 확장된다.
　각 과목을 공부하면서도 어떻게 말로써 풀어낼 수 있을지 생각해 보자.

3. 초인지(Metacognition)적 독서를 하자.
　내용을 정확히 파악하고 질문을 던지며 사고를 심화시키자.

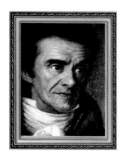

소질과 기질을 조화롭게

교육의 목적은 내면을 조화롭고 품위있게 만드는 데에 있다.

요한 하인리히 페스탈로찌 1746~1827, 스위스의 교육자·철학자

페스탈로찌는 아홉 살에 아버지를 여의고, 어머니로부터 인생과 교육에 많은 영향을 받았어요.

불쌍한 아이… 엄마의 사랑만은 듬뿍 받게 해 줄게.

응애!

오~내 아들!

결혼한 페스탈로찌는 첫아들 야곱을 얻으면서 큰 변화를 겪게 됩니다.

육아일기를 써서 야곱의 모든 걸 기록해 볼까?

어머님이 하신 것처럼, 내 아이도 사랑과 관심으로 키워야지.

이후 페스탈로찌는 빈민촌의 아이들을 돌보기 시작했으나 오래가지 못했습니다.

하하, 사랑스런 아이들! 어쩜 이리 생각이 다르고 재능도 각각일 수 있을까!

쯧쯧! 쓸데없는 짓을 하고 다니더니 사업이 망하고….

애들은 데리고 뭐하는지 모르겠네, 정말

당시 사람들은 잘 몰랐지만, 페스탈로찌의 이 폭넓은 관찰 기록은 이후의 교육 이론에 귀중한 자료가 되었습니다.

그는 인간을 자연 속의 동물과 비슷한 상태인 '동물적 상태'

이기심으로 생기는 인간의 폭력성을 법으로 규제해야 하는 '사회적 상태'

인간이 동물적인 욕구 충족에 만족하지 못하고 내면적 순화를 원하게 되는 '도덕적 상태'의 3가지로 나누었어요.

나도 배고프지만 더 배고픈 사람이 있으니까 참자.

또, 인간이 '도덕적 상태'에 이르러 선천적으로 가지고 있는 소질과 내면적으로 가진 기질을 조화롭게 발달시켜야 한다고 했어요.

그림을 잘 그리는 '소질'

아름다운 것을 그리려는 '기질'

품위 있는 것, 정확한 것을 추구하는 기질을 고양시키는 것이야말로 교육의 진정한 목표예요!

하하하. 똑같은 교양을 쌓는 게 아니라 기본적인 예절과 규칙, 가치관을 저마다 갖춰야 한다는 거란다.

그럼 모두가 똑같은 교양을 가지는 것이 목표인가요?

그는 교육의 출발점을 가정이라고 보았어요. 사랑과 자유, 개성의 존중이 더 나은 사회로 갈 수 있는 길이라 주장하며 어려움 속에서도 그것을 실천해 낸 진정한 교육자였습니다.

먼저 올바른 인간 됨됨이를 가져야 한다는 말이지요.

17 의지는 강인하되 언행은 부드럽게

의지는 강인하되, 언행은 부드럽게 하라.

이것만큼 활용의 폭이 넓은 인생 지침은 없단다. 그럼 이 두 가지 낱말이 하나로 합쳐진다는 것은 어떤 뜻이며, 어떻게 하면 그렇게 될 수 있는지 알아볼까.

만일 언행이 부드럽기만 하고 의지가 굳건하지 않다면 어떨까. 다른 사람에게 친근감은 줄 수 있겠지만 마음이 약하고 소극적으로 비칠 수 있으며 때론 비굴한 인간으로 전락해 버리지 않을까. 반면에 의지가 강하고 말과 행동 또한 거칠다면? 그는 분명 저돌적이고 독단적인 인간으로 보일 것이다.

★ 열네 살, 너의 선택이 인생을 결정한다

이 둘을 겸비하는 것이 가장 바람직하지만 한번 주변을 둘러보렴. 그런 사람은 매우 드물단다. 의지가 강한 사람은 언행이 부드러운 것을 나약함으로 단정 짓고, 마음이 약한 사람들을 휘두르는 것에서 폭력성을 확인하려 한단다.

그런 인식은 쉽게 상대에게 노여움이나 반감을 살 수 있기 때문에 목적을 이룰 때 매번 장애에 부딪칠 수가 있다. 누군가에게 '비호감'으로 인식되면 그와 교류할 기회를 잃어버리는 것이기 때문에 '적을 만들면 안 된다'는 것은 너도 알고 있겠지?

또한 언행이 부드러운 사람들 중에는 교활하게 다른 사람들에게 자신을 맞추면서 원하는 것만을 얻어 내려는 사람들도 있다. 하지만 어리석은 자들에게서나 그것을 얻을 수 있을 뿐이고 그들의 가면은 얼마 못 가 벗겨지게 되어 있다.

부드러운 언행과 굳건한 의지를 겸비할 수 있는 사람은 진정 현명한 사람이다. 그는 다른 사람에게 명령을 내릴 때에도 받아들이는 사람을 기분 좋게 한다.

한번 생각해 보렴. 처음부터 강압적으로 명령한다면 반감이 생겨 적당히 하고 말거나 도중에 팽개쳐 버리지 않겠니?

물론 명령이란 것은 그 자체가 강제적인 성격을 띠지만 그것을 부드러움으로 감싸서 불필요한 열등감을 갖지 않도록 배려하는 것이 현명한 리더의 모습이다.

윗사람에게 뭔가 부탁할 때도 마찬가지다. 정중한 태도로 부탁하지 않으면 간단하게 거절당하게 마련이다. 부드럽게 말해야 할 때는 절대로 뒤로 물러서지 않을 것이란 의지와 집요함을 가지고 필요성을 납득시켜야 한다.

이렇듯 언행의 부드러움과 의지의 강함을 겸비하는 것이야말로 경멸이 아닌 사랑을, 미움이 아닌 존경을 받을 수 있는 유일한 길이란다.

말하는 방법에 대해서도 생각해 보아라. 말할 때의 태도, 분위기, 선택한 용어, 목소리의 어조 등 모두를 신중하게 하라는 말이다.

남과 다른 의견을 말할 때도 상냥하고 품위 있는 표정을 유지하고, 부드러운 용어를 선택하여 말하는 것이 좋다.

"많은 문제가 있었지만 당신에 대한 저의 존경심은 변함이 없습니다. 오히려 이번에 그토록 애쓰시는 걸 보고 그 능력과 열의에 감탄했습니다. 개인적으로 가깝게 지낼 수 있어서 정말 기쁩니다."

이런 식으로 깔끔하면서도 솔직하게 말하는 것도 좋다.

"제가 어떻게 생각하고 있는지를 물으시는 거라면 이렇게 대답하겠습니다. 음, 확신을 가지고 있지는 않지만……."

이런 식의 연약한 말투라도 괜찮다. 설득력이 부족하지 않다면, 오히려 상대의 배려를 이끌어 낼 수도 있을 것이다. 어떤 일의 결과에는 반드시 그 원인이 있기 마련이니, 결과만을 힐난하지 말고 구체적으로 정리해서 말해 보아라. 토론이 기분 좋게 끝날 것이며, 거절하더라도 기분 나쁘지 않게 매듭지을 수 있을 것이다.

현실에서는 호의로 시작한 일이 적을 만들고, 장난으로 한 일이 상대방으로 하여금 모욕감을 느끼게 하는 뜻밖의 상황이 적지 않다. 표정, 말투, 발성, 품위 등을 좀 더 고려하여 대화한다면 상대방으로부터 신뢰와 호감을 얻게 될 것이다.

나의 생각

신뢰와 호감을 얻는 대화 방법

1. 약점이 있다면 먼저 밝혀도 좋다.
2. 천천히, 신중하게 말한다.
3. 힘을 주지 말고 부드럽게 말을 시작하자.
4. 말할 때 상대방의 눈을 쳐다보아라.

나는 부드러운 남자

돌려서 하고 싶은 말, 감추고 싶은 비밀이 있나요? 숨기려 하지 말고 상대방이 오해하지 않게 차근차근 말해 보세요.

로이드 조지 1863~1945, 제1차 세계대전 후반기의 영국 수상

로이드 조지는 정치가이지만, 멋진 용모와 열정적인 성격으로도 유명했어요.

그가 지방의 정치 강연회에 초대를 받은 일이 있었는데, 그곳의 인심이 좀 야박했던 탓인지 창피를 당하게 됩니다.

조지 씨는 모든 면에서 큰 분인 줄 알았는데, 직접 보니 몸집만은 매우 작은 분이시군요!

북부 웨일즈에선 인간의 몸집을 말할 때 턱 위만을 재서 그런가 봅니다. 여기선 아마도 턱 아래부터 재는가 보지요!

그는 무려 55년 동안 의석을 지켰어요.

맨체스터의 가난한 교육자 집안에서 태어나 공부를 열심히 한 탓이지!

와~ 55년이면 격렬한 토론도 많이 겪으셨겠네요?

영국의 민주주의 속에서 뜻을 펼치는 데 배짱과 논쟁술이 많은 도움이 되었지.

내가 여성의 권리를 주장하는 집회에서 토론을 해야 할 일이 있었단다. 물론 지금은 여성의 권리가 당연한 것이지만….

그 시대에는 당황스러운 것이었지.

참석자들 사이에 불만의 소리가 높았지만 난 내 입장을 이해시켜야 했지. 그때 한 여성이 일어나더구나.

로이드 조지 씨! 만약 당신이 내 남편이었다면 독약을 먹이고 말았을 거요!

부인, 충분히 이해합니다. 제가 당신의 남편이었다면 기꺼이 그 독약을 마셨겠지요. 하지만 저는 이 일을 꼭 해야만 한답니다.

로이드 조지의 부드럽고 상냥한 말솜씨,

그것은 나무 위에 앉은 새도 설득시켜 내려오게 만들 수 있을 것이다.

엉국의 정치가인 처칠까지도 그의 말솜씨에 감탄했어요.

실제 생활에서도 그는 다정다감한 성격으로, 맹장염으로 죽은 딸의 초상화를 볼 때마다 눈물을 흘렸다고 합니다. 그런 부드러운 성격도, 말로써 풀어낼 때는 목적을 이루려는 냉철함이 빛났다고 볼 수 있겠지요.

낙관주의자는 모든 곳에서
청신호를 보는 사람이다.

슈바이처 1875~1965, 독일의 의사·신학자

백인들의 흑인 학대 현장을 보고 의학을 공부, 아프리카 가봉에
건너가 병원을 세우고 흑인들의 질병 치료와 교육에 평생을 바쳤
습니다. 노벨평화상을 수상했으며, 〈생명의 외경〉, 〈물과 원시림
사이에서〉 등의 저서가 있습니다.

지혜

나를 더욱 빛나게 하는 것들

18 지혜로운 자와
어리석은 자의 작은 차이

요즘엔 아껴 쓰라는 말이 고루하게 느껴질 만큼 주변에 사고 싶은 것들이 너무나 많지?

지금까지 네가 산 물건의 가치를 한번 따져 보렴. 과연 꼭 필요한 것들이었는지, 아니면 순간적인 충동으로 사들인 것인지……. 물건의 쓰임을 잘 따져 구매하는 것은 앞으로 네가 소비생활을 하는 데 중요한 판단 기준이 될 거야.

네 또래는 물론 요즘엔 많은 어른들도 자기도 모르게 쓰는 일에만 익숙해져 있다. 아빠의 경우에는 학업에 필요한 비용이나 사람과의 친분을 유지하기 위해서 사용된 돈은 아무리 많아도 아깝지 않다. 반면 네가 쓸데없는 일을 벌여 그 뒷처리를 위해 필요한 돈과, 아무것도 하지 않고 빈둥빈둥 놀면서 인생을 낭비하는 데 쓰려는 돈 따위는 절대로 내줄 생각이 없다.

나는 '계획을 세우고 습관을 만들라' 했는데, 돈을 쓰는 데도 습관은 꼭 필요한 것이다.

여기 놀기 좋아하는 사람이 있다. 그는 일주일에 적어도 세 번은 친구들과 만나 노는 일에 돈을 쓸 것이다. 하지만 만나는 사람은 정해져 있고, 화제는 매번 다르지 않겠지. 한편 일주일에 3번 정도는 영어를 공부해야 한다고 생각하는 사람이 있다. 이 사람은 곧바로 영어 학원에 등록할 것이다. 학원에 다니면서 그는 영어를 필요로 하는 사람들을 두루 만나게 될 것이고, 그것은 매번 새로운 경험이 될 것이다.

일주일에 3번, 한 달에 12번, 석 달에 36번을 다니게 된다고 치자. 그것이 10년이 되면 이 두 사람의 차이는 되돌릴 수 없게 되겠지.

현명한 사람은 자신의 명예를 손상시키는 일에 돈을 쓰지 않는다. 그런데 어리석은 자는 다르다.

어리석은 자는 광고에 쉽게 사로잡힌다. 광고를 하는 사람은 바로 그 상품을 만든 사람이고, 그렇기 때문에 오직 물건을 파는 것이 목적이라는 사실을 알지 못하지.

그는 광고를 봤을 때 생기는 충동적인 행동의 결과를 예상하지 못하고 온갖 잡동사니들을 사들인다.

'마음의 회계사'라는 말이 있다. 그것은 자신의 지출을 자신이 통제할 수 있는 자제력을 뜻하는 말이다. 아무리 많이 가지고 있어도 돈에 대한 철학이 없이 함부로 사용하면 나중엔 꼭 필요한 물건조차 살 수 없는 상태에 이를 수 있으니 주의해야 한다.

반대로 아주 적은 돈도 자기 나름의 철학을 가지고 사용한다면 최소한의 유용한 물건은 살 수 있단다.

현명한 사람은 사물을 있는 그대로 파악한다. 그러나 어리석은 자는 마치 현미경으로 보듯 작은 일도 크게 확대하여 아예 아무것도 보지 못하기도 한다. 몇 푼 안 되는 돈에 인색하게 굴고 그것 때문에 다툼까지 벌이는 사람이 그러한 예다.

무슨 일에나 '자신에게 맞는 분수'라는 것이 있단다. 건전하고 성실한 정신을 가진 사람은 어디까지가 자신의 손이 닿는 범위이고 어디부터가 닿지 않는 범위인지 잘 알고 있다. 자신의 능력을 알고 발전하려 노력하는 사람은 시간이 갈수록 빛나는 법이다.

나의 생각

부자의 법칙

1. 내가 쓸 수 있는 돈은 현재 가지고 있는 돈에서 갚아야 할 것을 뺀 금액이다.

2. 돈을 쓸 때는 가진 돈의 절반을 저금하고, 나머지 절반 중 1/3은 나를 위해, 1/3은 여행 등의 경험을 위해, 1/3은 필요한 것을 위해 쓰자.

3. 저축할 때는 꼭 목표를 정한다. 목표가 여러 가지일 때는 목표 별로 저금통을 만들어 두어도 좋다.

나를 더 멋지게 만들자

물건의 가치를 높이는 것은 희소성이고, 사람의 가치를 높이는 것은 엄격함입니다. 결국 나의 가치를 키우고 지키는 것은 나 자신이라는 사실!

이마누엘 칸트 1724~1804, 독일의 근대 철학을 집대성한 철학자

가치의 소중함을 일깨워 주는 칸트의 이야기 하나 더. 그는 세 살 때 아버지를, 스물두 살 때 어머니를 잃고 어렵게 생활을 해야 했어요.

아버지!

어머니!!

교수가 되려 했지만 번번이 시험에 떨어졌고 가난 때문에 9년 동안 가정교사를 전전했으며 극도로 궁핍한 생활을 했다고 합니다.

아… 학자의 길은 멀어지는 구나!

오늘도 어제와 같은 풍경들… 마음이 놓이는구나!

몸이 약한 탓에 성격도 소심해서 자신이 태어난 도시에서 단 한번도 벗어난 적이 없었어요.

우리의 지식은 어디에서 오는가?

칸트…

그와 관련된 우스갯소리가 있어요. 사귀던 여자에게 청혼을 받았는데,

칸트 씨, 괜찮으시다면 저랑 결혼해 주시겠어요?

이 결혼을 할 것인가 말 것인가?

그렇다면 결혼의 의미는 무엇인가?

인간으로서 꼭 겪어야 할 과정인지라,

도서관에서 며칠을 고민하다 나왔더니 이미 여자는 딴 남자와 결혼했더라는 겁니다. 칸트의 철학과 생활이 그대로 나타나지요?

체계적이고 확실한 것만을 추구하는 그였지만, 사교적인 면도 있어서 친구들과의 교제를 무척 즐겼다고 합니다.

나도 인간이거든!

그가 주장한 철학은, 생각의 틀인 이성의 형식이 존재하며 거기에 각각의 개인이 가진 감각적인 내용이 결합해 사람의 인식이 완성된다는 것이었어요.

그럼 왜 그렇게 자신에게 엄격했던 걸까? 그의 책 〈실천이성비판〉을 보면 그 까닭을 알 수 있습니다.

그는 약속을 했으면 아무 이유가 없어도 지켜야 한다고 주장했어요. 약속은 지키기 위해 있는 것이므로 그게 당연하다는 거지요.

그의 하루는 정해진 시간에 맞춰 진행되었어요.

어이쿠! 칸트 선생님이 지나가시니 한 시로구나. 내 시계가 잘못 됐군.

나는 자신의 의지에 따라 행동하고 있는 것인가?

애야! 선생님이 지나가시니 4시 30분인가 보다. 이제 그만 들어갈까?

내 의지엔 보편적인 법칙의 원리가 작용하고 있는 것인가?

칸트는 개인의 행복과 의무의 균형을 이루는 '최고선'에 도달하기 위해 어렸을 때부터 교육이 중요하다고 말했어요.

스스로에게 엄격한 칸트의 원칙은 우리 자신을 돌아보게 하는 중요한 계기가 될 거예요.

19 끌리는 사람은
무엇이 다른 걸까

세상에서 가장 강한 사람은 누구일까? 정답은 '친구는 많되 적(敵)은 적은 사람'이다. 그러한 사람은 원한이나 시기를 받는 일이 좀처럼 없기 때문에 다른 사람보다 빨리 성공하게 되고, 만일 몰락한다 해도 동정을 받지 못할 만큼의 비참한 상황만은 면할 수 있기 때문이다. 그러므로 '친구는 많이, 적은 적게 만든다'는 기준을 마음속에 세워 둔다면 인간관계 때문에 전전긍긍하는 일은 아마도 없을 것이다.

너의 어진 성품과 열심히 사는 모습을 보았을 때 친구들은 '함께하고 싶다'는 생각을 하게 되고, 어른들은 '도와주고 싶다'고 느끼게 될 것이다. 그리고 너의 노력과 주위의 도움을 통해 너는 한걸음 빨리 성공한 사람이 될 수 있을 것이다. 주위 사람이 자발적으로 도와주려고 하는 이러한 호의적인 감정은 그 사람의 이해와 대립되지 않는 한 지속될 수 있는 것이란다.

누군가 나에게 지금까지 살아온 경험을 바탕으로 10대부터 다시 살아 보라고 한다면, 나는 가능한 한 많은 사람들로부터 사랑받을 수 있도록 노력하고 싶다.

다른 사람의 마음을 사로잡는 일에만 신경을 쓴 나머지 그 외의 사람은 어떻게 되든 상관없다는 식의 삶은 다시 되풀이하고 싶지 않다. 나의 순간적인 오판 때문에 인간관계가 단절되기도 하고 그로 인해 갈팡질팡하며 난처해 할 때가 많았거든. 편안한 마음을 가지고 사람들을 대했더라면 좋았을 텐데 그때는 욕심 때문에 그렇게 하지 못했지.

많은 사람들의 호감을 얻으며 그 속에서 편안한 감정을 느끼는 것이 인생을 풍부하게 하는 요인이라 생각한다. 그리고 나중에 생각해 보니 그것은 삶의 가장 큰 방패였단다.

남성이든 여성이든 인간은 인덕(人德)에 약한 법이다. 인덕을 방패로 삼고 있는 사람은 성공의 가능성도 높고 그 정도도 크다. 여성들도 인덕이 있는 남성에게는 자연스레 마음이 끌리게 된단다.

인덕을 얻는 것은 그리 어려운 일이 아니다. 우아한 몸가짐, 진지한 눈초리, 세심한 배려, 상대가 기뻐할 언사, 분위기에 어울리는 복장 등 실로 아주 조그마한 것들이 모이는 것으로도 상대방의 마음을 사로잡을 수 있다.

내가 지금까지 만난 사람들 중에는 보기에는 아름다우나 조금도 내 마음을 사로잡지 못하는 여성이 있었고, 사리분별은 있으나 전혀 호의를 느낄 수 없는 인물들도 있었단다. 왜 그랬던 것인지 아마 너는 이해했을 것이다. 그렇다. 그 사람들은 자신이 가진 아름다움이나 능력만을 믿고 사람의 마음을 사로잡을 수 있는 배려나 겸손을 터득하지 못했기 때문이다.

　　예전에 나는 그다지 아름답다고 할 수 없는 여성과 연애를 한 적이 있다. 그러나 그 여성은 기품이 넘쳐흘렀고, 사람을 기쁘게 하는 방법, 마음을 사로잡는 방법을 잘 알고 있는 사람이었다. 아마도 내 생애에서 그 여성과 연애를 했을 때만큼 열중했던 시기는 없었을 것이다.

　　마치 모자이크의 무늬를 채워 넣듯, 수많은 작은 것들로 너라는 사람이 완성되는 것이란다. 반짝이는 그 무엇들로 너의 내면을 가득 채우기를 바란다. 설령 생의 본질을 잘 보지 못하는 어리석은 이라도, 너를 대하는 순간 왠지 모를 힘에 끌리어 절로 마음을 빼앗기게 될 것이다.

나의 생각

다른 사람의 호감을 사는 성품

1. 따뜻한 감정과 호의를 표현한다.
2. 자신의 한계는 마음속에서 정한 것뿐이라는 사실을 깨닫는다.
3. 자신에게 어울리는 복장을 갖추되, 사치스럽지 않아야 한다.
4. 다른 사람들에게 관심을 갖는 습관을 기른다.
5. 다른 사람에게 손해를 입히지 않으며 나의 유익함도 놓치지 않는,
   마음속의 정의를 가진다.

아는 분은 아신다니까!

내 스타일, 나의 철학, 나만의 생각… 그 총체적인 '나' 라는 모습이 어떤 긍정을 불러 일으킬까.

조토 디 본도네 1266~1337, 회화에 3차원을 도입한 이탈리아의 화가.

조토는 베스피냐노라는 작은 마을의 가난한 집에서 태어났어요.

어느날 한 화가가 우연히 조토가 있는 언덕을 지나가게 되었는데

음… 저기 있는 게 뭐지?

아니… 이걸 꼬마 네가 그린 것이냐?

피렌체 제일의 화가 차마부에

아무도 제게 그림을 가르쳐 주지 않았어요. 선생님, 저는 제가 본 것을 그냥 그린 것 뿐이에요.

나와 같이 피렌체로 가지 않겠니? 너는 그림을 배워야 한다!

조토는 차마부에의 화실에서 오랫동안 물감을 만들고 섞었으나 연필을 만질 수도 없었어요.

세월이 흘러 조토가 막 그림을 그리기 시작할 무렵, 교황은 베드로 성당을 꾸밀 화가를 찾기 위해 전국 각지로 사람을 보내는데…

…사연이 이러하니 그림을 한장 가져갔으면 합니다.

이거면 충분할 거요. 믿고 가져가시오.

당신 미쳤소? 이런 것을 드리라니?

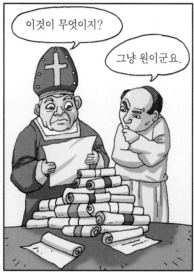

이것이 무엇이지?

그냥 원이군요.

추기경이 보기엔 어떻소?

명인이 아니면 이처럼 완벽한 원을 그릴 순 없을 겁니다.

교황은 즉시 조토를 로마로 불러 그림을 맡겼고, 조토의 실력은 세상에 알려지게 되었습니다.

'조토의 원'은 지금도 투스카니 지방에서 '일을 완벽하게 해냈다'는 뜻으로 쓰여요. 자신의 일에 완벽을 추구한 사람의 자신감이, 교황의 마음까지 움직일 수 있었던 것이지요.

20 훌륭한 라이벌이 나를 키운다

싫어하는 사람에게 사려 깊게 대하는 것은 중요한 일이다.

이것은 진정 어려운 것이기 때문에, 아무리 강조해도 지나치지 않다. 더구나 젊은이들은 조그마한 일에도 금방 흥분해서 앞뒤 분간을 못하는 경우가 많다. 이는 사랑하는 남녀의 경우도 마찬가지이다. 상대로부터 조금이라도 자기를 비판하는 말을 듣게 되면 금방 마음이 변해 버리기도 한다.

젊은이들은 라이벌을 단지 적으로 생각하는 경향이 있다. 눈앞에 라이벌이 나타나면 딱딱하고 냉담한 태도나, 무례한 태도를 취하면서 어떻하든 상대를 쓰러 뜨리려 한다.

하지만 그에게 차갑게 대한다고 해서 원하는 것을 얻는 것도 아니며, 그런 일에 신경을 뺏기다 엉뚱하게도 제3자에게 이익이 돌아가게 된다면 얼마나 억울하겠니?

★ 열네 살, 너의 선택이 인생을 결정한다

여기 한 여자를 놓고 대결하는 라이벌이 있다. 감정을 잘 컨트롤 한다면 그 여성은 경솔한 상대방보다 상냥하고 자연스런 네게 호감을 느끼게 될 것이다.

미국의 대통령 링컨은 동료들과 과격한 언쟁을 일삼는 장교에게 이런 말을 했다고 한다.

"높은 뜻을 가진 사람은 사사로운 언쟁으로 시간을 낭비하지 않는다네. 그런 사람일수록 자신의 성격을 더럽히고 자제력을 잃는 일은 피해 버리지. 만일 자네가 어떤 일을 반 정도의 확신밖에 없는 상태에서 시작할 거라면 차라리 그냥 양보하게. 불확실한 진실의 시비를 가리기 위해 개에게 물리기보다는 그 개에게 자신의 자리를 양보하는 것이 현명한 것이니 말일세. 이기고 지는 것보다 상처를 입지 않는 것이 훨씬 현명한 일이 아닌가?"

상대방의 주장이 옳다, 그르다 따지기 위해 언성을 높여서는 안 된다. 훌륭한 사람은 라이벌에 대해서 단 두 가지의 태도만을 취한단다. 최대한 상냥하게 대하거나, 노력하여 실력으로 굴복시키거나.

그런 후에는 상대방이 너를 모욕하거나 경멸하는 등의 수법을 쓰지 않는 이상 혹시 패배했다 하더라도 예의 바르게 행동하는 것이 좋다. 그러나 네가 아무리 그 사람의 가치를 인정하고 친구가 되기를 원한다 해도, 내 경험으로 볼 때 그와 친구가 되라고 말하고 싶지는 않구나. 왜냐하면 사회 속에는 보이지 않게 심술, 증오, 원한, 질투 등이 촘촘히 엮여져 있기에, 상대가 너를 가벼이 여길 수 있기 때문이다.

시인 에머슨은 〈자신〉이란 글에서 이렇게 썼단다.

'그에게 잠재해 있는 힘은 아주 새로운 것이다. 그 힘으로 무엇을 성취할 수 있을까 하는 것은 자기 스스로 그 힘을 쓰기 전까지 아무도 모른다.'

너는 이 세상에서 완전히 새로운 존재이기 때문에 자신을 올바르게 파악한다면, 그에 맞게 즐기는 방법도 금방 찾아낼 수 있을 것이다.

이 세상은 노력해야 하는 것이 많은 만큼 즐길 것, 누릴 것도 많은 가치 있는 곳이란다. 때로 지치고 버거운 상황이 오더라도 결코 실망하거나 좌절하지 말고 단호히 대처해 네 뜻을 이루기 바란다.

아빠는 너를 사랑한단다. 그리고 네가 곁에 있건 그렇지 않건 영원히 너와 함께하는 사람이란다.

나의 생각

비난과 비판은 다르다

1. 비판을 할 때, 비판을 당하는 사람의 입장을 고려하여라. 비판을 하든 당하든 당당할 수 있는 자신감이 있어야 한다.

2. 다른 사람이 비판한다면 사사롭게 흘려듣지 말자. 다른 사람의 비판이 나를 성장시키는 밑거름이 된다.

불운일까, 행운일까

라이벌이란 나를 성장시키는 존재예요. 적일 수도, 친구일 수도 있겠지만 행운에 가까운 존재이지요.

벤저민 디즈레일리 1804~18815, 영국의 정치가 · 소설가

영국 빅토리아 여왕 시절의 양대 정치가로 일컬어지던 디즈레일리와 하워드 글래드스턴, 이 둘은 마치 개와 고양이처럼 사이가 나빴습니다.

방만한 자유주의자!

완고한 고집불통 같으니라구!

그러나 두 사람은 모두 뛰어난 인물로 지금까지도 영국 사람들에게 존경을 받고 있습니다.

정치의 목적은 선을 행하기 쉽고, 악을 행하기 어려운 사회를 건설하는 데 있다!

위대한 국가란 곧 위대한 인물을 낳은 국가를 뜻하는 것이다.

어떤 사람이 디즈레일리에게 물었다고 합니다.

불운과 재난이란 어떤 것입니까?

음... 만약 글래드스턴 군이 템즈강에 빠졌다면 그것은 불운이지만,

누가 그를 강에 떠밀어 넣었다면 그것은 재난이라 할 수 있지.

음... 두 분의 사이가 어떤지 알 수 있군...

이것이 불운과 재난의 차이일세. 알았나?

1868년 총리로 취임하면서도 디즈레일리는 사람들의 축하에 동요하지 않을 정도로 분별력이 있었다고 해요.

너무들 좋아하지 마시오! 나는 미끄러운 장대 끝에 오른 것뿐이오.

정치 국면이 양당 구도로 흐르자 둘은 서로 양보할 수 없는 적이 되었지만,

보수당 디즈레일리

자유당 글래드스턴

경쟁에 치우치기보단 미온적인 태도를 유지하며 내부를 개혁하는 데 섰습니다.

우리는 우리 방식대로 조직 개선에 힘쓰면 됩니다.

이러다가는 자유당에 지고 맙니다!!

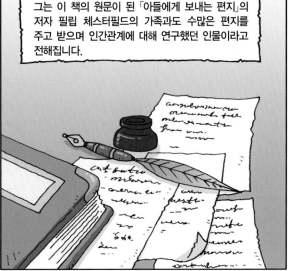

그는 이 책의 원문이 된 「아들에게 보내는 편지」의 저자 필립 체스터필드의 가족과도 수많은 편지를 주고 받으며 인간관계에 대해 연구했던 인물이라고 전해집니다.

바라지만 말고 그것을 향해 움직여!

맘껏 펼쳐 봐, 네겐 꿈이 있잖아

꿈꿔라, 14살!
빛나라, 인생!

오늘이 지나가면 늦어, 지금 해야 해

걱정 마, 넘어져도 툭툭 털고 일어나면 돼

지킬 것은 지키는, 열네 살 생각 짱!

똑똑, 누가 왔냐고? 아니 이건 내 머리에서 나는 소리야

내가 캡 좋아하는 너, 우린 친구잖아

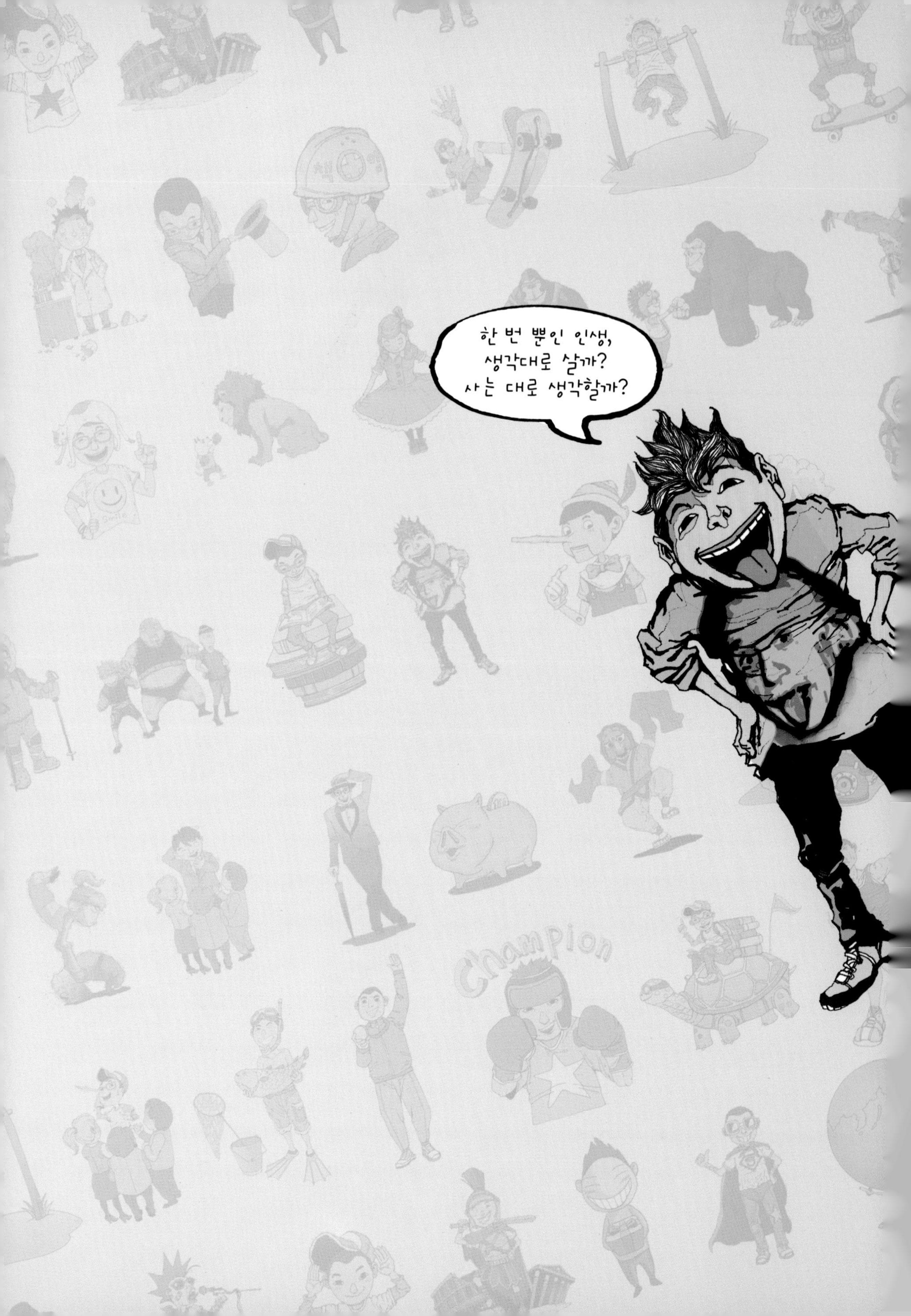
한 번 뿐인 인생,
생각대로 살까?
사는 대로 생각할까?

열네 살,
너의 선택이 인생을 결정한다

2008년 6월 12일 초판 1쇄 발행
2008년 7월 20일 초판 2쇄 발행

지은이 필립 체스터필드
엮은이 대한미디어
펴낸이 김성구

편집장 홍승범
책임편집 김동하
디자인 여종욱
마케팅 이택수 최윤호 손기주 송영호
제작 신태섭 **관리** 김현영

펴낸 곳 (주)샘터사
등록 2001년 10월 15일 제1-2923호
주소 서울시 종로구 동숭동 1-115 (110-809)
전화 763-8961~6(출판사업부) 742-4929(영업마케팅부)
팩스 3672-1873 **홈페이지** www.isamtoh.com **이메일** book@isamtoh.com

ⓒ대한미디어, 2008, Printed in Korea.

ISBN 978-89-464-1731-1 43370

이 도서의 국립중앙도서관 출판시도서목록(CIP)은
e-CIP 홈페이지(http://www.nl.go.kr/cip.php)에서 이용하실 수 있습니다(CIP제어번호: CIP2008001689).